MÉMOIRES

D'UN

JOURNALISTE

SIXIÈME SÉRIE

MES VOYAGES ET MES PRISONS

LIBRAIRIE E. DENTU, ÉDITEUR

DU MÊME AUTEUR

MÉMOIRES D'UN JOURNALISTE

PREMIÈRE SÉRIE
SOUVENIRS DE JEUNESSE, 1 vol.

DEUXIÈME SÉRIE
LES HOMMES DE MON TEMPS, 1 vol.

TROISIÈME SÉRIE
A TRAVERS LE *FIGARO*, 1 vol.

QUATRIÈME SÉRIE
DERRIÈRE LE RIDEAU, 1 vol.

CINQUIÈME SÉRIE
SCÈNES INTIMES, 1 vol.

Chaque volume, prix 3 francs.

Clichy. — Impr. Paul Dupont, rue du Bac-d'Asnières, 12. (1351, 1-8.)

MÉMOIRES
D'UN
JOURNALISTE

PAR

H. DE VILLEMESSANT

SIXIÈME SÉRIE

MES VOYAGES ET MES PRISONS

PARIS

E. DENTU LIBRAIRE-ÉDITEUR

GALERIE D'ORLÉANS, 15, 17 ET 19, PALAIS-ROYAL

1878

Tous droits réservés

MÉMOIRES
D'UN JOURNALISTE

JACQUES OFFENBACH

Avant de commencer la nouvelle série de mes notes, je dois prévenir ceux qui veulent bien me lire, qu'ils ne doivent pas s'étonner de ne pas voir paraître ces Mémoires à époques fixes. J'ai pour coutume de n'écrire dans *le Figaro* que lorsque les événements importants se taisent, et je me serais bien gardé d'élever la voix au moment où la politique, les inondations et autres fléaux avaient droit à l'attention de tout le monde. Aujourd'hui que la Chambre s'est donné quelques vacances, je profite de son absence pour reprendre la parole.

Et comme mon journal est avant tout un journal d'actualité, je vais parler d'Offenbach, dont le départ pour l'Amérique vient d'être annoncé par toutes les feuilles parisiennes.

★★★

Si l'un de nos contemporains devait figurer dans mes Mémoires, c'est certainement Offenbach ; car il me serait bien impossible d'écrire ma vie à Paris, sans que mon histoire ne se mêlât un peu à la sienne. En effet, arrivés à peu près en même temps dans la capitale (lui quelques années avant moi), nous nous sommes vite rencontrés. Tous deux désireux de réussir, attirés par le même public, pour ainsi dire, il ne nous était pas possible de vivre parallèlement sans finir par nous connaître.

La première fois que je vis Offenbach, c'était, je crois, à une soirée de Roger ; il portait une longue chevelure blonde qui lui pendait jusqu'au milieu du dos et sous laquelle on apercevait une figure en lame de couteau comme celle de Bonaparte premier consul, ou de Sardou, quand il écrivait *les Pattes de Mouche.*

A cette époque Offenbach n'était que violoncelliste. C'était relativement peu de chose pour se faire remarquer à Paris, qui alors regorgeait d'instrumentistes hors ligne ; Offenbach y parvint cependant. Il comprit qu'il ne suffisait pas de jouer correctement de la basse, et fit bien vite passer dans sa façon de traiter le violoncelle l'esprit qu'il devait montrer dans les autres choses de sa vie. Ce n'était plus de la basse qu'il jouait, c'était de tous les instruments; évitant avec soin le terrible écueil de tous ses confrères, il avait compris que le public parisien n'aime guère ces interminables et difficiles variations sur violoncelle où le nez de l'exécutant a l'air d'en faire autant que son archet; il se contentait de chercher et de trouver une mélodie, dont le développement n'allait jamais plus loin que l'attention du public. Chose rare, il savait s'arrêter à temps, et ce fut là la raison de ses premiers succès.

Désireux de se tirer d'affaire autrement que par ces petits concerts aussi intimes que gratuits qui faisaient, il est vrai, sa réputation, mais ne lui assuraient pas le *fixe* tant désiré par tout le monde, Offenbach chercha quelque chose de plus substantiel. Après avoir longtemps hésité, il entra, après un concours, au théâtre de l'Opéra-Comique comme violoncelliste.

Il y fut admis aux appointements de 83 francs par mois, et c'est en voyant monter et jouer *le Cheval de bronze, les Chaperons blancs, Actéon,* en assistant aux succès d'Auber dans toute sa gloire, qu'il sentit germer en lui l'instinct du théâtre.

Placé au même pupitre que Seligmann, Offenbach déploya, dans les premiers temps, une énergie à toute épreuve. Peu à peu, cependant, et à mesure qu'il s'initiait davantage aux œuvres du répertoire, sa curiosité devenait moins vive, et c'était avec de véritables crises nerveuses qu'il apprenait par l'affiche qu'il lui faudrait, le soir, jouer pour la cinquantième fois peut-être, *la Dame Blanche* ou telle autre pièce à grand succès.

Aussi, pour passer le temps d'une façon moins monotone, avait-il imaginé le moyen suivant, que nous serions désolé de voir se propager dans les orchestres. Au lieu d'exécuter sa partie comme elle était écrite, il était convenu avec Seligmann qu'il se contenterait, lui Offenbach, d'en jouer la première note, Seligmann la seconde, Offenbach la troisième, etc., etc. Il fallait un talent réel pour se livrer à de telles fantaisies ; malheureusement Valentino, qui était alors chef d'orchestre, applaudissait peu à ces sortes d'innovations et mettait impitoyablement à l'amende le jeune fantaisiste, qui, lorsqu'il passait à la caisse, n'arrivait que rarement à toucher ses appointements anéantis par les amendes.

Un jour, entre autres, Courderc l'ayant entraîné sur la scène pendant qu'on jouait un opéra-comique intitulé : *la Lettre de change*, M. Crosnier, qui ne connaissait pas ce nouveau chanteur, lui infligea trente francs d'amende. Mais il était dit que rien ne pouvait le corriger ; lier les chaises ou les pupitres vides avec une ficelle, pour les faire danser pendant la représentation, était la moindre des plaisanteries du futur maëstro.

⁎⁎⁎

Avant de m'occuper de la seconde phase de la vie

d'Offenbach, je ne puis résister à raconter une historiette qui se rattache au temps où il n'était encore que violoncelliste de salons.

Elle date du temps où son nom commençait son tour des salons de la capitale, et c'était à qui l'inviterait à venir se faire entendre dans des soirées privées.

Fier comme un hidalgo, il ne consentit jamais à recevoir aucune rétribution pour ces petites corvées, et laissait croire à tout le monde qu'il avait de quoi suffire largement aux besoins de son existence.

Il n'en était rien : témoin l'anecdote suivante que j'ai entendu conter un jour par Offenbach qui la dit à merveille :

L'argent était devenu plus que rare pour lui, et un beau matin il se réveilla en constatant qu'il ne restait pas cinq centimes dans ses poches.

On peut bien, à la rigueur, se passer de déjeuner; mais se priver du second repas quand on n'en a pas eu de premier, c'est bien dur, surtout lorsqu'on possède un estomac de seize ans au plus. Telle était cependant la perspective qui s'ouvrit un beau matin pour le jeune violoncelliste.

Dire qu'il pensa à son pays, à sa famille, à la maisonnée de frères et de sœurs qu'il avait laissée à Cologne, cela va de soi. Maître Jacques ne s'attendrit pas trop cependant sur son sort, convaincu que l'avenir est aux énergiques, et que vouloir c'est avoir ou pouvoir;

il appuya sa tête dans ses mains, réfléchit et tout à coup se dit : « Mais c'est aujourd'hui jeudi ! M. X..., qui demeure rue Montmartre, m'a fait promettre de venir dîner ce soir chez lui ; je n'aurai garde de lui faire l'impolitesse d'oublier sa recommandation. »

Et, tout radieux, il s'élança au pas de course dans Paris pour y respirer l'air d'une merveilleuse journée de printemps. Sa promenade dura jusqu'à cinq heures, heure à laquelle il rentra chez lui pour faire un bout de toilette et prendre sa fameuse basse à laquelle il ne se dissimulait pas devoir la plupart de ses invitations.

L'air vif, l'exercice et surtout la diète du matin lui avaient donné un appétit d'enfer. A six heures précises il arrivait chez M. X... après avoir, au préalable, déposé son violoncelle chez le concierge.

— Ni monsieur ni madame ne sont là ! répondit à Offenbach la femme de chambre qui vint lui ouvrir la porte.

— Allons donc ! fit l'invité, ému comme si l'on venait de lui tirer un coup de pistolet dans les oreilles. M. X... m'a prié de venir dîner aujourd'hui jeudi.

A peine Offenbach avait-il dit ces quelques mots, que tout à coup une porte s'ouvrit et que M. X... arrivait à lui les mains tendues.

— Mais oui, mon cher ami, vous avez parfaitement

raison! Vous possédez une excellente mémoire! c'est bien jeudi aujourd'hui !

— C'est ce que je disais! fit Offenbach triomphant et en commençant à retirer ses gants.

— Oui, mais, continua M. X..., nous ne nous gênons pas entre amis, je ne vous cache pas que nous ne restons point ici aujourd'hui et que j'emmène ma femme dîner à la campagne.

— C'est une bien bonne idée! fit Offenbach un peu pâle, mais sans cependant se décontenancer.

— Vous reviendrez dans huit jours, vous me le promettez ?

— Comment donc !... mais cela m'arrange à merveille, d'autant plus qu'aujourd'hui, j'étais déjà engagé moi-même... chez...

— Au plaisir de vous revoir, fit M. X... sans attendre la fin de la phrase.

— Au plaisir, c'est le mot, répondit sans conviction Offenbach en descendant l'escalier.

*_**

Si philosophe, si jeune qu'on soit, quelque confiance qu'on ait en son étoile, il est des minutes où les plus fiers s'abattent et où la lutte contre la vie matérielle décourage les hommes les mieux trempés.

Jusque-là, le pauvre jeune homme, un enfant presque, avait sinon déjeuné, du moins dîné tous les jours, mais voilà que les dîners allaient prendre le chemin des déjeuners! Le plus terrible pour lui, c'est que, ne possédant aucun crédit, s'il avait laissé supposer à des gens assez considérables dont il avait recherché les relations, qu'il avait pu arriver à ce point de misère, il eût été perdu pour toujours.

En proie à ces réflexions et à un appétit toujours croissant, Offenbach se trouva, sans savoir comment il y était venu, sur le boulevard des Italiens. Les restaurateurs regorgeaient de monde, et Jacques regardait à travers les vitrages, avec une mélancolique envie, ces heureux de la terre dont l'unique souci était de savoir si leur perdreau était assez cuit, si leur filet était assez saignant.

Pour la première fois depuis qu'il était à Paris, Offenbach sentit ses yeux se mouiller de rage et d'indignation; il avait cru jusque-là à son avenir, à son étoile, et il en était réduit à mourir de faim! Autant valait sauter tout de suite par-dessus le Pont-Neuf.

Tout en donnant cours à ces reproches envers la destinée, Offenbach avait marché rapidement et était arrivé devant le passage de l'Opéra.

— Pardon, monsieur, fit un passant, en lui frappant sur l'épaule, n'est-ce pas à M. Offenbach que j'ai l'honneur de parler?

— Oui, monsieur, répondit le musicien, en redescendant tout à coup dans la vie réelle ; que me voulez-vous ?

— Voici vingt francs !

— Vingt francs !..pour qui ? pour quoi ?

— Vingt francs que je dois à monsieur votre frère et que je vous serais fort obligé de vouloir bien lui remettre.

Et le monsieur disparut en faisant un profond salut à Offenbach, qui souriait en se disant : « Je sais bien que c'est un rêve, mais je voudrais bien ne pas me réveiller avant d'avoir dîné ! »

Dix minutes plus tard, il était attablé au Café Anglais, en tête à tête avec un perdreau (lui aussi !) et une bouteille de Saint-Julien !

— Je savais bien que j'avais mon étoile ! se disait-il en sortant du restaurant avec un cure-dents aux lèvres ; puis il ajouta :

— Maintenant je peux me réveiller !

***

Bien qu'obligé de jouer tous les soirs du violoncelle à l'Opéra-Comique, Offenbach ne cessait de travailler à des opéras qu'il espérait faire exécuter un jour. C'est vers cette époque qu'il composa, pour Achard et pour les débuts de Grassot, la musique d'un vaudeville qui

1.

obtint un grand succès et dont le titre était *Pascal et Chambord*.

Peu à peu le nom d'Offenbach se répandit dans le monde des artistes; ses concerts, ses mélodies, des chansonnettes (les *Fables de La Fontaine*), obtinrent un certain succès, et, un beau matin, c'était en 1847, il se vit appelé à prendre le bâton de chef d'orchestre au Théâtre-Français. A peine arrivé là, Offenbach essaya quelques-unes de ses productions, si bien qu'un jour Alfred de Musset, ayant à faire chanter des couplets dans *le Chandelier*, qu'il faisait répéter, le fit monter au cabinet du directeur et le pria de les mettre en musique. Ce fut ainsi qu'il composa la *Chanson de Fortunio*, qui a contribué au succès du charmant opéra-comique de ce nom, qu'Offenbach a écrit il y a quelques années.

Comme on le voit, notre héros avait déjà fait du chemin. Mais son ambition n'était pas de rester toute sa vie chef d'orchestre du Théâtre-Français; il multipliait ses concerts le plus possible, et grâce au concours de Roger, d'Hermann-Léon, de mesdames Ugalde et Sabatier, il arrivait de temps en temps à faire entendre au public ses petits opéras-comiques qu'il n'avait pas encore songé à baptiser du nom d'opérettes. C'est ainsi qu'il donna à la salle Herz un grand festival dans lequel il fit représenter *le Trésor à Mathurin*, opéra-comique chanté par mesdames Lemercier, Meyer (depuis madame Meillet), Théric et Sainte-Foy, bluette que tout le monde a entendue aux Bouffes, sous le titre du *Mariage aux lanternes*.

Survint la Révolution de 1848 qui fit des loisirs forcés à Offenbach; il les employa à composer un grand opéra intitulé *la Duchesse d'Albe*, qu'il ne put jamais parvenir à faire accepter à aucun théâtre.

Il en était, hélas! de ses autres ouvrages comme de *la Duchesse d'Albe;* toutes les portes se refermaient impitoyablement devant eux, et Offenbach acquit un jour cette certitude qu'à moins d'attendre au moins dix ans pour se faire jouer un petit acte dans un théâtre, il se verrait dans la nécessité de s'en construire un à lui-même.

Cette idée fit son chemin comme on le verra plus loin.

⁎⁎⁎

En attendant, il se créait partout de nombreuses relations et il n'était pas de salon à Paris où il ne fût toujours invité. Victor Hugo fit comme tout le monde. Les habitués de sa maison se rappellent y avoir vu Offenbach promenant à son bras sa jeune femme éclatante de beauté.

Bien qu'arrivé à Paris plus tard qu'Offenbach, la

chance voulut que j'y prisse quelque importance avant lui. J'avais créé *la Sylphide* qui me donnait droit de cité parmi les journalistes. Touché des efforts que faisait Offenbach avec qui je m'étais lié d'amitié, j'allai un jour trouver M. Perrin, nouvellement nommé directeur de l'Opéra-Comique. Je lui expliquai la confiance que j'avais en le talent et en la volonté de Jacques, comme nous l'appelions. M. Perrin me promit de lui donner un livret, ce viatique si désiré par les compositeurs. On juge de la joie d'Offenbach à cette nouvelle.

Malheureusement, malgré sa promesse, M. Perrin ne trouvait pas de pièce lui paraissant convenir aux tendances, à la nature de son nouveau compositeur, et celui-ci, blessé mais non découragé, demandait à tous les auteurs de lui confier un poëme.

A bout de sollicitations, offensé des dédains des gens arrivés, il pensa un jour qu'il faisait fausse route et, comme je l'ai dit plus haut, comprit que le directeur de théâtre qui lui voudrait le plus de bien, c'était encore lui-même.

Aussitôt il se mit en marches et démarches et découvrit aux Champs-Élysées un petit théâtre en face le cirque où un physicien nommé Lacaze s'était installé; grâce à ses relations, Offenbach obtint le privilége, mais ce n'était pas tout, il fallait de l'argent pour installer un théâtre de musique, si petit qu'il fût.

Immédiatement j'allai chez lui pour lui dire que par

bonheur, j'avais trouvé la somme qui lui était nécessaire. C'était, je crois, une vingtaine de mille francs.

Les *Bouffes-Parisiens* étaient créés. Le théâtre ouvrit le 5 mai 1855, et je contribuai dans la mesure de mes forces à son succès. Mon *Figaro* avait paru depuis un an ; j'en fis comme le Journal officiel des Bouffes-Parisiens. Pas une opérette n'était donnée, pas un début n'était fait qu'aussitôt on n'en eût la nouvelle dans *le Figaro*.

⁎

A part la sympathie que m'a toujours inspirée l'homme, on comprendra ce qui m'attirait vers le théâtre qu'il venait d'ouvrir. Tous deux, nous adressant au même public, nous avions eu des commencements et des luttes à peu près semblables. Tous deux doués d'une certaine dose de volonté, nous étions arrivés à peu près ensemble à réaliser notre désir. De plus le théâtre des Bouffes me paraissait suivre pas à pas les tendances de mon journal.

En effet, quand j'ai commencé à publier *le Figaro*, je n'ai pu en faire qu'un petit journal, tout comme Offenbach ne pouvait jouer que des saynètes, moins importantes que des opérettes.

Mes nouvelles à la main étaient pour moi comme les couplets des pièces d'Offenbach qui, pour lui, n'ont de valeur et de succès que si on les retient et si on les répète.

Peu à peu, toujours comme *le Figaro*, il a élargi son cadre et mis trois personnages où il n'en employait que deux. Moi aussi j'ai agrandi mon format.

Offenbach est arrivé à jouer de grandes pièces.

Figaro en est venu à être quotidien et politique.

Enfin Offenbach a créé un genre, a inventé des auteurs et des acteurs.

De mon côté je faisais un journal dont tout, jusqu'à la disposition, a été pris par la plupart des journaux français.

Pas plus qu'à moi les imitateurs ne lui ont manqué, mais heureusement le public rend hommage aux inventeurs et les préfère à ceux qui reproduisent leurs œuvres, dussent ces derniers les améliorer. Tout le monde sait le nom de Dufrêne, le piston ; bien d'autres sont venus qui avaient autant de talent que lui, mais leur nom est inconnu, tandis que le sien seul est resté.

On voit, d'après ces quelques lignes, que nous nous sommes suivis pas à pas avec Offenbach. Qu'on y regarde bien, du reste, il en est des théâtres comme des journaux, comme des établissements de commerce : ils traversent les mêmes phases à la condition d'être dirigés par des hommes qui aiment leur métier et qui ont le courage de lui consacrer leur vie.

Un exemple :

★★★

Il y a déjà quelques années deux hommes jeunes, intelligents, résolurent de fonder un établissement sans pareil dans son genre, et cependant il s'agissait de faire un magasin de nouveautés, c'est-à-dire d'organiser à Paris une concurrence à des milliers de magasins plus ou moins connus du public.

Tous deux sortaient des magasins du *Pauvre diable;* bien décidés à frapper un grand coup, ils débutèrent par prendre un local à raison de cent mille francs par an.

Il n'y eut qu'un cri dans Paris; cent mille francs étaient alors une somme tellement considérable que les plus experts déclarèrent que cette location était un acte de pure folie.

J'avais envisagé la chose autrement, et on peut lire dans *le Figaro* que je prédis alors à ces magasins un succès au delà de l'attente de tous. « Ils prendront tous les environs de la maison qu'ils viennent de louer, » écrivais-je alors.

On va voir si je me suis trompé.

Avec l'esprit d'organisation qu'ils possédaient ils établirent les fondements d'une administration sans pareille dans leur commerce ; des caisses diverses, un système de bulletins, un classement de marchandises, que sais-je, ils inventèrent tout ; si bien qu'il n'existe pas en France une maison de ce genre qui ne se soit modelée d'après la leur.

Ces deux jeunes gens qui étaient MM. Hériot et Chauchard, avaient tout simplement fondé les *Magasins du Louvre*.

J'ai dit à quelle persévérance, jeunes encore, ils doivent l'immense fortune qu'ils gèrent si bien ; j'ajouterai qu'une des grandes raisons de leur réussite est, qu'avant tout, ils ont compris les besoins de l'époque, et qu'ils sont ce que nous appelons : Parisiens, dans toute la force du terme. Pour me résumer, je dirai que notre public est le même, et que ceux qui lisent *le Figaro* le matin, forment la clientèle du *Louvre* dans la journée et des *Bouffes* le soir.

Je reviens à Offenbach ; je ne l'ai quitté que pour prouver que tous les succès ont le même point de départ, dans quelque milieu qu'ils se produisent, et que journaux, théâtres et entreprises industrielles ne réussissent que quand ils ont à leur service l'intelligence, le goût et l'activité.

J'ai laissé plus haut le maître de l'opérette moderne ouvrant aux Champs-Elysées un petit théâtre. En disant un petit théâtre, j'exagère encore. Pour avoir une idée de cette salle, qu'il suffise de savoir que les spectateurs qui voulaient seulement mettre leurs paletots étaient obligés non-seulement d'ouvrir la porte de leurs loges, mais aussi la fenêtre du couloir sur lequel elles donnaient.

L'escalier des loges d'acteurs était un chef-d'œuvre. On y passait juste un de front; si un téméraire s'engageait dans ce boyau quand un artiste pressé s'y trouvait, il lui fallait ou remonter, ou descendre; toute concession était impossible.

Involontairement cette exiguïté rappelait le mot charmant d'Alexandre Dumas à son fils :

Ce dernier avait loué un charmant petit hôtel rue de Boulogne ; tout y était parfait comme logement, mais étriqué au delà du possible. Et pourtant, entre la porte donnant sur la rue et le corps de logis, il existait un jardin.

— Alexandre! dit Dumas à son fils, un jour qu'il était venu déjeuner chez lui, tu es bien cruel pour ces plantes ; ouvre donc la porte de ta salle à manger pour donner de l'air à ton jardin!

L'ouverture de la petite salle Marigny fut cependant un événement parisien. Comme on le pense, je ne négligeai pas de faire donner la vieille garde de mon *Figaro*, et j'eus le bonheur de constater qu'il exerçait déjà une certaine influence sur les Parisiens.

Un détail qui me revient et qui a mis ce soir-là toute la salle en gaieté :

Offenbach est père de famille, et, ajoutons-le, un excellent père de famille; malgré les préoccupations, les distractions de sa double vie de compositeur, de directeur qui l'entraînent de toutes parts, qui lui attirent mille et mille invitations de soirées, de déjeuners, de dîners, etc., il a toujours dîné chez lui.

— C'est bien assez, me disait-il, d'être éloigné des siens par les répétitions, les collaborations, les déjeuners d'affaires, il faut que la famille ait aussi son tour. Ma femme aux soins de sa maison, mes enfants à leurs petits devoirs d'éducation, peuvent m'avoir cru dans mon cabinet, auprès d'eux toute la journée, quand le soir ils me trouvent à table; s'ils ne m'y voient pas, comme je ne déjeune généralement pas chez moi, c'est comme si j'avais été absent tout un jour; ils m'oublieraient et je veux, pour eux comme pour moi, qu'ils sachent que je suis toujours là.

La famille d'Offenbach l'adore justement; personne n'est meilleur père que lui, mais sans faiblesse; ses jugements sont toujours prononcés en dernier ressort, aucune de ses décisions n'est discutée, il est aussi respecté dans sa maison qu'il y est aimé.

***

Je reviens à la première représentation des Bouffes.

La plus jeune des filles d'Offenbach (elle avait quatre ou cinq ans), qui répondait au simple nom de Mimi-Pinson, avait été amenée par madame Offenbach au milieu des fauteuils d'orchestre. On lui avait fait une toilette de circonstance, et sous un chapeau rose on voyait ses deux yeux brillants d'impatience dans un petit visage fin, fûté, encadré de ravissants cheveux blonds.

Le public s'asseyait, on se préparait à écouter la première note de l'orchestre, quand tout à coup on entendit une petite voix claire qui disait très-nettement :

— Ouvreuse, prenez mon chapeau : je suis la fille du directeur !

Ce que je ne puis reproduire, c'est l'accent d'autorité, d'orgueil enfantin avec lequel ces quelques mots étaient prononcés.

Tout le monde se retourna vers mademoiselle Mimi qui toujours convaincue se tenait droite, regardant avec des yeux dévorants de curiosité le rideau qui allait se lever.

C'est elle qui, vers cette époque, dit sérieusement à sa sœur dans un concert :

— Tais-toi maintenant, c'est papa qui va jouer !

✶✶✶

Le premier spectacle donné aux Bouffes se composait de :

Entrez, messieurs, mesdames! prologue en vers de Méry.

La Nuit blanche, saynète, musique d'Offenbach.

Les Deux Aveugles, pochade, musique d'Offenbach.

Arlequin barbier, pantomime, musique d'Offenbach.

Les Deux Aveugles étaient joués par Pradeau et Berthelier. L'effet fut prodigieux, le public n'avait jamais tant ri musicalement.

La valse surtout entraîna le public. Pendant plusieurs mois on vint juste au moment où on la jouait, et elle était l'occasion d'une seconde recette.

L'ut dièze de Tamberlick ne fut pas un plus grand succès.

— Où vas-tu? demandait un Marseillais à son ami qui se pressait de le quitter.

— Je vais entendre Tamberlick!

— Mais rien ne te presse, répondit le Marseillais qui, tirant sa montre, ajouta d'un air informé: *l'ut dièze* ne part qu'à dix heures! Tout comme on eût parlé du canon du Palais-Royal.

Le succès de la valse, je l'ai dit, amena tout Paris.

Les Bouffes-Parisiens étaient fondés, Offenbach avait fait son premier pas devant le public.

*_**

La salle des Champs-Élysées fut bien vite trop petite.

Offenbach s'en plaignait mais n'y trouvait pas de remède.

Un matin, je montai chez lui.

— J'ai découvert votre affaire, lui dis-je, une salle charmante dans laquelle vous pourrez faire des recettes respectables.

— Il n'y en a pas à Paris, me répondit Jacques, avec la conviction qu'on lui connaît, il n'y en a pas, j'ai cherché partout !

— Eh bien, ajoutai-je, allez-vous-en tout de suite au passage Choiseul, vous y trouverez une salle que vous pourrez rendre aussi charmante que possible à peu de frais.

— La salle Comte ! fit Offenbach en levant les bras au ciel ; vous n'y pensez pas, mon cher ami, mais c'est impossible, c'est loin de mon public, c'est mal situé, c'est la mort de mon genre !

— Très-bien ! faites comme vous voudrez, mais je vous garantis que vous ne trouverez pas mieux, et je me retirai.

Je connaissais mon Offenbach ; je voyais bien qu'il n'avait pas tout de suite compris les avantages que pouvait lui apporter cette installation ; mais d'un autre côté, je le savais intelligent et je comptais pour lui sur le résultat de ses réflexions.

— Vous avez parfaitement raison ! me dit-il quelques

jours après, avec la même conviction qu'il m'avait dit : « Vous avez parfaitement tort », la salle est horrible, mais nous en ferons une bonbonnière.

Et il me défila un à un tous les avantages que je lui avais signalés, comme s'il venait de les découvrir.

Au mois de décembre de la même année, les Bouffes avaient pris leurs quartiers d'hiver au théâtre Comte.

Le succès du théâtre du Carré-Marigny suivit Offenbach au passage Choiseul.

Je ne donnerai pas ici la nomenclature des pièces qu'il fit représenter sur son théâtre ; ma mémoire n'y suffirait pas. Ce que je me rappelle, c'est que, dès qu'il fut établi sur cette scène, plus grande que l'autre, il eut l'intention d'y donner des opérettes plus importantes. Malheureusement, ou heureusement (on en jugera plus loin), l'administration, qui ne lui avait accordé que l'autorisation de jouer avec deux ou trois personnages, refusa toute concession ; les autres théâtres commençaient à redouter la concurrence des Bouffes-Parisiens.

C'est alors qu'Offenbach donna *Croquefer*, opérette dans laquelle il y avait quatre personnages. Immédiatement la censure intima l'ordre de supprimer l'un des acteurs et de rentrer dans les limites de l'arrêté ministériel.

Que fit Offenbach ? Il biffa toutes les paroles du

rôle du personnage qui devint un soldat à qui on avait coupé la langue ; en faisant mouvoir à l'aide d'un fil des plaques indicatrices vissées sur sa cuirasse, il répondait *non ! oui ! comment donc ? certainement*, etc. Impossible de s'opposer à cette modification. Mais que faire pour la musique ? On ne pouvait pas se contenter de cette pantomime pour exécuter un quatuor. Offenbach, décidé à réussir, décréta que l'homme aboierait dans les ensembles et l'effet fut excellent. Ce que voyant, la censure autorisa le personnage qu'elle avait supprimé. Mais le succès avait été trop grand avec le muet pour qu'on voulût lui rendre la parole.

Par parenthèse : n'eût-il pas été un peu plus intéressant pour le gouvernement d'alors de s'occuper des projets de la Prusse ? et à quoi bon, d'ailleurs, en tous temps, au bonheur de la France une censure qui n'a pour objet que de pareilles vétilles !

Voilà donc le théâtre des Bouffes bien établi. A partir de ce jour, ses premières représentations deviennent de véritables fêtes parisiennes, tout ce qu'il y a de jeune, de vivant s'y donne rendez-vous. C'est le succès qu'a obtenu en commençant *le Figaro*.

***

Mais il faut que tout se paye dans la vie et surtout le succès. Il arriva à Offenbach, quand il voulut agrandir son cadre, de s'entendre reprocher ses origines ; il ne devait comme auteur, comme directeur, ne songer qu'à faire représenter des bluettes. On le poursuivit partout avec ce reproche, si bien que quand il devint directeur du théâtre de la Gaîté et qu'il y donna la *Jeanne d'Arc*, de Gounod, qui obtint un beau succès, bien des gens disaient encore : — Il a tort ! quand on a donné *les Deux Aveugles, Ba-ta-clan*, etc., etc., on ne devrait pas toucher à de semblables sujets !

A propos de *Ba-ta-clan*, une anecdote absolument authentique. J'ai assisté moi-même à la scène qu'on va lire :

C'était à la seconde représentation de cette chinoiserie, que j'avais voulu faire entendre à un de mes amis.

Devant moi, assis au balcon, étaient un monsieur et une dame. Tous deux avaient écouté gravement l'ouverture et le chœur d'introduction. Arrivés à la scène où Fé-an-nich-ton et Ké-ki-ka-ko constatent qu'ils sont tous deux Français, le monsieur fit un geste de déception et se tournant vers sa femme :

— C'est trop fort ! ce sont des Français !

Puis, quand on chanta le duo : *Te souviens-tu de la Maison-Dorée?* ce monsieur reprit avec impatience et en élevant la voix :

— La Maison-Dorée ! Paris ! ce sont des Parisiens !... et on appelle cela du théâtre !

Et en disant cela, il tremblait d'indignation contenue.

Par exemple, il perdit toute réserve, quand Fé-ni-han, sur lequel il avait absolument compté comme Chinois, entama le trio : *Je suis Français!*

— Je ne resterai pas un instant de plus ici! dit-il en se levant et en faisant passer sa femme devant lui.

Tous deux sortirent.

Je ne pus m'empêcher de les suivre jusqu'auprès de l'ouvreuse, à qui ils reprenaient leurs vêtements laissés au vestiaire...

— Non, c'est trop fort! fit-il en passant fébrilement la manche de son paletot et en me regardant en homme qui désire voir son opinion partagée:

— C'est révoltant! fis-je pour l'encourager.

— Comment! monsieur, non-seulement ils mettent un faux Chinois, mais deux faux Chinois, mais trois faux Chinois!... et le public qui paye, on n'y pense donc pas dans ce théâtre? Pour qui nous prend-on? Pour des imbéciles!

Puis se tournant vers l'ouvreuse :

— Ma brave dame, regardez-moi bien! vous pouvez vous vanter de m'avoir vu pour la première et la dernière fois; je ne suis pas de ceux qui reviennent dans un théâtre où on se moque du public!

Et il descendit vivement en serrant nerveusement le bras de son épouse.

Je remontai doublement enchanté et de l'anecdote et de la place que ces difficiles spectateurs avaient laissée libre devant moi.

Je reviens au répertoire des Bouffes. Les *Burgraves* de la musique le condamnèrent pour avoir commencé par des œuvres légères.

Le même reproche a été fait au *Figaro*.

Le succès de ses premiers numéros était dû à la forme de ses nouvelles ; j'avais jugé intéressant de donner les biographies de toutes les actrices importantes de Paris. Pour rendre ces portraits plus piquants j'y avais joint, en même temps que le chiffre de leurs appointements, celui de leur âge. Il s'ensuivit quelques petites tempêtes que j'ai racontées autre part dans ces *Mémoires*.

Aussitôt mes confrères qui commençaient à trouver que *Figaro* parlait trop haut pour eux, déclarèrent qu'il ne serait jamais qu'un journal boulevardier, un *journal de cocottes* !

La vérité est que pour bien des gens *le Figaro* en est toujours un peu là. En vain il est devenu politique, il a traité les plus hautes questions, il pourrait donner le Code civil même en feuilletons, que rien ne changerait l'opinion de ceux qui n'acceptent que les jugements tout faits.

Allez donc retirer, par exemple, de l'esprit de certaines gens que Gavarni était constamment habillé en débardeur comme ceux qu'il dessinait et que Victor Hugo pense à autre chose qu'au bonheur de l'humanité !

De même pour Offenbach. Il est des gens qui ne l'ayant jamais vu se figurent un garçon jovial, dansant le cancan sans raison et faisant des charges du matin au soir.

Ils seraient bien étonnés s'ils apprenaient que ce Roger Bontemps est mince comme une corde de son violoncelle, qu'il a l'air grave et froid d'un étranger; que sa mise n'est pas celle d'un fantaisiste, mais d'un homme distingué qui veut se faire remarquer par tout autre chose que par son extérieur.

⁎⁎⁎

Qu'on n'aille pas cependant s'imaginer qu'il ait absolument la modestie de la violette. Offenbach connaît sa valeur et sait émettre sur lui-même des opinions que ne désavoueraient pas ses amis les plus acharnés.

Et il a, ma foi, raison, car les applaudissements du public, les suffrages des souverains, il a tout obtenu et serait obligé de douter de l'opinion de tout le monde le jour où il douterait de la sienne.

Un des grands talents d'Offenbach, celui auquel il doit sa popularité, c'est selon moi le peu d'éléments qui lui sont nécessaires, pour produire des effets scéniques. Tous les orchestres, tous les chanteurs lui sont bons ; il sait tirer parti de tout et trouver une qualité, une valeur, où ses confrères ne verraient rien. Il saurait produire un effet avec un artiste qui n'aurait qu'un *tagnard* dans sa voix.

Je m'explique, car je sens que ce *tagnard* peut paraître obscur à quelques-uns de nos lecteurs :

Tout le monde connaît le chœur d'introduction de *la Dame blanche : Sonnez cors et musettes,* etc.

Est-ce par la volonté de Boïeldieu, est-ce par le caprice d'une tradition, toujours est-il que la moitié du vers : *Les Montagnards sont réunis!* se trouve ainsi répartie : les choristes du premier rang disent : *Les Mon-on,* et les choristes du second chantent immédiatement : *tagnards,* — puis, après qu'on a recommencé une fois cet exercice, ceux du premier rang terminent par : *sont réunis!*

Or, c'est un grand désespoir pour ceux qui étaient au premier rang, quand l'âge ou un accident quelconque les met au second et leur enlève : *Les Mon-on,* pour les reléguer parmi ceux qui ne disent que : *tagnards.*

Les personnes qui savent s'expliquer les raffinements de l'amour-propre comprendront la gravité de ces paroles :

— Eh bien, vous savez, ce pauvre Grégoire...
— Non !... qu'est-ce qui lui est arrivé ?
— Malgré son talent, on l'a mis dans les *tagnards*.
— C'est dommage, fit l'interlocuteur, il doit y avoir là-dessous quelque influence de femme !

**

Pour en revenir à Offenbach, il saura trouver pour l'homme qui n'aura jamais joué que les *tagnards*, un effet, et le public le prendra presque pour un chanteur.

Qu'on se rappelle le parti qu'il a tiré de madame Thierret, de Lassouche, de Hyacinthe, etc., qui n'avaient qu'une note tout au plus dans la voix, et à qui il a su la faire donner à propos.

Ce pauvre Désiré, quand il entra aux Bouffes où il débuta par *Vent-du-Soir*, crut devoir dire à Offenbach :

— Je dois vous prévenir que je ne sais pas chanter du tout.

— Mêlez-vous de vos affaires ! répondit sévèrement le maëstro.

Et effectivement, qui a jamais pensé à la voix de Désiré qui, cependant, chantait dans toutes les opérettes à succès des Bouffes.

J'ajouterai cependant qu'Offenbach ne cherchait

pas seulement ceux qui n'avaient aucune valeur musicale, car parmi les artistes qu'on lui doit, il faut citer mesdames Marie Cico, Schneider, Tautin, Zulma Bouffar, Irma Marié, Chabert, Pfotzer, Judic, Théo, Grivot et bien d'autres que je ne puis énumérer ici. Parmi les acteurs, je citerai : Pradeau, Berthelier, Léonce, Bache, Couder, Bonnet, etc.

***

Les auteurs, les compositeurs qui s'étaient si fort insurgés contre Offenbach n'ont pas eu non plus à se plaindre de son avénement.

On se rappelle le concours qu'il organisa aux Bouffes, et *le Docteur Miracle*, de Battu, dont la musique fut faite par deux inconnus alors ; l'un d'eux s'appelait Georges Bizet, aujourd'hui l'auteur regretté de *Carmen*, et l'autre répondait au nom de Charles Lecocq, c'est le compositeur de *la Fille de madame Angot*. Ce fut lui qui joua la première pièce de Léo Delibes, *les Vieilles Gardes*, puis à côté d'Adam, Flotow, Duprato, alors en renom, on vit se produire sur son théâtre Jonas, Renaud de Vilbach, Costé, Alfred Dufresne, Blaquière, etc., sans compter les librettistes, parmi lesquels Hector Crémieux, Ludovic Halévy, Philippe Gille, Jules Verne, Moineaux, Plouvier, Du Locle, etc., sans compter les Labiche, Mélesville, Michel Carré, etc., qui lui apportaient le contingent de leur talent.

Il joua même une opérette de Rossini qui disait de lui : « C'est le seul compositeur bouffe que nous ayons. »

Auber était de cet avis et me disait un jour : « Offenbach a cet avantage sur des gens qui sont peut-être plus sérieux que lui, que toute sa musique est signée. »

⁎⁎⁎

L'activité d'Offenbach est prodigieuse ; pour s'en faire une idée, il suffit de penser au travail matériel que représentent une centaine de partitions dont la plupart sont en deux et trois actes. Peu de copistes ont plus écrit que cet homme, qui n'a fait que composer depuis vingt ans.

La goutte même qu'il a, on ne sait trop pourquoi, n'a jamais pu l'abattre. On ne s'explique guère l'acharnement de cette maladie sur un sujet aussi maigre. Qu'elle s'adresse à moi, je la comprends sans l'excuser cependant ; je lui offre des hippodromes, des surfaces où elle peut se promener, s'étendre à l'aise ; mais sur lui ! c'est pure méchanceté ; à moins que la goutte n'ait aussi sa vanité et ne trouve sur sa personne le triomphe de la difficulté vaincue.

Pendant ses crises, il souffre comme tout le monde, il faut bien le dire, mais ni son cerveau ni sa main n'en ont conscience; par la force de la volonté il compose et écrit comme s'il était en parfaite santé :

— Vous voyez bien ce pied, me disait-il en souriant un jour qu'il subissait un de ses accès, j'y ressens en ce moment la douleur la plus vive que j'aie éprouvée de ma vie, mais je suis plus fort qu'elle ; elle peut m'empêcher de marcher mais elle ne m'empêchera pas d'écrire une valse quand vous serez parti.

Il eût du reste pu, s'il l'avait voulu, la composer en causant avec moi ; ses amis qui viennent le voir les vendredis soir, si nombreux qu'ils soient, ne l'ont jamais empêché de travailler ; le brouhaha des conversations, les rires, le bruit, semblent l'exciter, et jamais il n'orchestre plus facilement que lorsqu'il est entouré de tous les éléments de distraction.

*

C'est à cette facilité de travail qu'il doit ses succès ; s'il sait faire il sait encore mieux refaire.

Un exemple :

C'était à la dernière répétition de *la Belle Hélène* ; Dupuis venait de chanter son fameux air : *Au mont Ida trois déesses,* etc., et tous ceux qui étaient admis dans la salle avaient applaudi.

Seul Offenbach était resté froid. Le morceau en question ne lui plaisait pas ; il trouvait qu'une partie des qualités de Dupuis étaient paralysées par certaines phrases mélodiques trop développées.

A la fin de la répétition il fit prier son *Pâris* de venir chez lui le lendemain matin.

A l'heure dite, Dupuis était chez Offenbach.

— Tenez, lui dit ce dernier, j'ai beaucoup pensé à votre air et j'en ai cherché un autre.

— Pardon, fit Dupuis rougissant d'émotion, je ne veux pas d'autre air que celui que j'ai chanté hier soir; si on me le change, je rends le rôle.

— Vous me ferez bien l'amitié de m'écouter !

— Certainement, fit Dupuis, avec politesse, mais en homme qui a son idée arrêtée.

Offenbach expliqua sa pensée et se mit au piano ; quand il fut arrivé à l'*Evohé,* etc.:

— Pardon, fit encore Dupuis, mais enthousiasmé cette fois, je vous préviens que si vous me faites un autre air que celui que vous venez de me chanter, je refuse de jouer dans la pièce !

Offenbach ne changea plus rien et tout le monde sait aujourd'hui par cœur sa seconde mélodie.

La première a été exécutée plus tard dans son opérette *les Bergers*.

J'ai parlé de la facilité de travail dont était doué Offenbach. En voici un autre exemple :

Un beau jour, un auteur lui adresse, alors qu'il était directeur des Bouffes, un livret en un acte. Celui-ci reçut la pièce à peu près sans l'avoir lue. Au bout du temps réglementaire, l'auteur vint demander à être joué, comme c'était du reste son droit. Offenbach, que la lecture n'avait pas transporté d'admiration, demanda du temps, cherchant à se débarrasser ainsi d'une pièce en laquelle il n'avait pas confiance.

Mais il avait affaire à forte partie ; l'auteur écrivit cette fois sur papier timbré, réclamant en plus la composition de la musique, par Offenbach. Les choses étaient si bien arrangées que bon gré mal gré Offenbach devait s'exécuter.

Pris de fureur de se voir ainsi contraint, le directeur fit venir l'auteur dans son cabinet :

— Vous voulez que je vous fasse de la musique, monsieur ? lui dit-il d'un air goguenard.

— Absolument, monsieur Offenbach !

— Eh bien, je vais vous en faire !

Et prenant du papier réglé qui se trouvait à côté de

lui, il se mit à griffonner tout ce qui lui passait par la tête.

L'auteur le suivait des yeux avec épouvante.

Au bout d'une heure, Offenbach se leva :

— Voilà, dit-il, votre partition plus d'à moitié faite, je vais donner à copier, nous répéterons dans trois jours !

— Vous ne ferez pas une plaisanterie aussi dangereuse pour votre réputation que pour notre succès !

— Je ne changerai pas une note !

— Au revoir, monsieur !

— Au revoir !

Et l'auteur partit.

Resté seul, Offenbach voulut se rendre compte de ce qu'on pouvait produire, en écrivant ainsi au hasard.

Quel ne fut pas son étonnement de trouver la matière de trois ou quatre morceaux excellents dans ce tohu-bohu de doubles-croches.

— Ce sera pour un autre ouvrage ! pensa-t-il tout d'abord ; puis réfléchissant, il relut la pièce qui pouvait être améliorée et qui, de plus, renfermait ce qu'on appelle des *situations*.

— A quoi bon bouder contre moi-même ! se dit-il.

Et sans désemparer il se mit à l'œuvre.

Un mois après on jouait la pièce ; elle obtint un

grand succès et figure dans l'œuvre d'Offenbach sous le titre d'*Apothicaire et Perruquier*.

Ses historiettes et ses anecdotes de théâtre se comptent par centaines :

Quand il fit répéter pour la première fois *le Papillon* à l'orchestre de l'Opéra, Offenbach s'aperçut que les musiciens qui l'avaient presque tous connu, alors qu'il ne pouvait se faire jouer nulle part, étaient fort mal disposés à son endroit.

Il y avait là contre lui des envies, des jalousies que rien ne pouvait calmer. Le mauvais vouloir était à l'ordre du jour et ne cherchait qu'à se produire.

En effet, on avait à peine joué quelques mesures qu'un piston, je crois, se levant furieux s'écria de toutes les forces de ses poumons :

— Monsieur, cette note n'existe pas sur le piston !

Tout l'orchestre se tut, attendant quelque réponse sèche ou violente d'Offenbach, pour y répliquer par une protestation générale.

Offenbach se leva (il était assis sur la scène) et se tournant vers l'interrupteur, lui dit avec un sourire d'une douceur exagérée :

— Alors, monsieur, ne la faites pas !

Impossible de rien répondre à cela. On sourit, on répéta et on se quitta les meilleurs amis du monde.

Il s'en faut qu'Offenbach soit toujours aussi doux ; son entêtement est proverbial et il est peu d'observations qu'on lui fasse qui ne soient d'abord accueillies par une protestation. Il est vrai que comme il est très-intelligent, il examine ensuite la question, et ne tient aucun compte de son premier mouvement. En un mot il sait, comme nous disons, changer facilement d'idée fixe.

Avec l'humeur un peu gouailleuse qu'on me connaît, je lui ai fait mille plaisanteries, mille charges, dont il ne m'a jamais gardé rancune ; notre vieille amitié arrangeait tout. Il faudrait un volume pour en rapporter seulement la moitié. Voici une des dernières.

⁎⁎⁎

Il y a deux ans, nous avions, moi et plusieurs de mes rédacteurs, été à Vienne avec lui pour assister à la première représentation d'une pièce dont il avait composé les paroles et la musique. Elle était intitulée : *le Corsaire Noir*. L'accueil du public viennois fut froid pour cette opérette, probablement parce qu'elle n'avait pas passé par le visa du public parisien. Il n'y eut pas insuccès, mais il n'y eut pas succès.

Deux jours après cette représentation, je faisais mes malles pour Paris ; mon valet de chambre se chargea naturellement d'emballer le nécessaire, les habits, le linge, et moi je m'occupai de mes papiers qui étaient étalés sur la table de mon hôtel et je les mis en bloc dans un grand portefeuille.

Revenu à Paris, je trouvai dans les journaux, les lettres que j'avais ramassés, des télégrammes autrichiens qui s'étaient glissés là sans que je m'en fusse aperçu.

D'instinct, sans préméditation, je pris une plume et j'écrivis une dépêche; puis, je priai Wolff de me la traduire en allemand, sur un de mes télégrammes.

Je fis appeler ensuite un commissionnaire à qui je dis de porter immédiatement cette dépêche chez Offenbach, rue Laffitte n° 11.

Cela terminé, je dis à mes rédacteurs que je leur offrais un dîner qui leur serait payé par Offenbach, pour la perte d'un pari que je ferais avec lui.

J'ai su depuis que dès qu'Offenbach eut lu la première ligne du télégramme, qu'on verra plus loin, il fit verser un verre de l'excellent bordeaux qu'il prend d'habitude, au commissionnaire. Quand il eut terminé sa lecture, il lui donna un pourboire important.

Le lendemain matin, j'arrivai avec Wolff au café Riche. Offenbach était assis avec quelques amis à la table ronde à laquelle il s'installe d'habitude.

J'attendais qu'il me parlât le premier de mon télégramme.

Il semblait ne se douter de rien.

— Allons, me dis-je philosophiquement, c'est une partie perdue!

Je déjeunai et incidemment je dis, en levant mon verre : « A la santé de l'auteur du *Corsaire Noir!* »

— Vous n'avez pas eu de chance avec cet ouvrage-là, ajoutai-je en riant.

— Vraiment! me répondit Offenbach d'un air narquois, vous croyez cela?

— Je ne crois pas, j'en suis sûr, puisque j'ai assisté à la première représentation.

— Oui, mon ami, continua Jacques avec un sourire triomphant, mais contenu. Avez-vous assisté à la quatrième représentation?

— Certainement non, puisque nous sommes revenus ici le lendemain de la première, mais l'impression était donnée et il est évident que toutes les autres représentaions seront semblables à celle-là!

— Vous croyez?

— Je le parierais!

— Eh bien! fit-il rayonnant, je viens de recevoir d'Allemagne une dépêche qui m'annonce que le dernier acte a été bissé entièrement. Je l'ai lue tout à l'heure à ces messieurs, et vous allez avoir le plaisir de la lire vous-même.

Et en disant cela il me remit un papier bleu contenant la dépêche que Wolff lui avait écrite en allemand et dont voici la traduction :

A M. Offenbach, rue Laffitte.

Succès immense Corsaire Noir. *Tous les morceaux redemandés. Couronnes, bouquets, dernier acte bissé entièrement.*

— Eh bien ! fis-je après avoir jeté les yeux sur le papier, je ne comprends pas, parce que ce n'est pas en français, mais je parierais bien que cette dépêche-là n'arrive pas d'Allemagne. C'est une farce qu'on vous a faite !

— Pardon ! fit vivement Offenbach, je parie mille francs.

— Jamais ! je voulais seulement vous gagner un déjeuner, ajoutai-je, assez sérieusement.

— Je vous parie cinq mille francs ! ajouta Offenbach.

— Non... un déjeuner seulement avec quelques-uns de mes rédacteurs.

— Je parie dix mille francs !

— Entendons-nous, je parie que cette dépêche n'est jamais venue d'Allemagne.

Et je tirai de mon portefeuille une feuille de télégramme exactement pareille à celle qu'Offenbach venait de me remettre.

— Voilà tout mon secret.
— Mais elle est en allemand !
— C'est Wolff qui l'a traduite ! répondis-je en riant.

Il fallut bien se rendre, mais à l'heure qu'il est Offenbach, par amour-propre, veut encore avoir l'air d'avoir des doutes. Je suis même certain que quand il lira ces lignes, il dire : « C'est possible, mais ce n'est pas très-drôle ! »

J'ai dit plus haut qu'Offenbach était connu de toute la terre ; sa mémoire est insuffisante pour lui rappeler les noms ou même seulement la physionomie de tous ceux qui le saluent. J'en suis là aussi et je saisis cette occasion pour prier ceux que je ne reconnais pas tout de suite, de ne pas me taxer d'impolitesse.

Or, un soir qu'il allait au café Riche, Offenbach est accosté par un monsieur très-bien mis, d'excellent aspect, qui lui demande affectueusement de ses nouvelles.

Offenbach répond avec empressement et, comme le temps se passait en compliments de la plus parfaite banalité, il l'invite à prendre le café avec lui.
Le monsieur accepte.

Pendant qu'il dégustait sa demi-tasse, Offenbach se

demandait où diable il avait pu voir ce monsieur; c'était bien certainement en Allemagne, il en jugeait à son accent, mais où?

Le café pris, on se lève.

Le monsieur est de plus en plus charmant, si bien qu'Offenbach, ne sachant comment le quitter, lui demande s'il ne lui serait pas agréable de voir une répétition générale qu'il a ce soir-là même.

Le monsieur accepte.

La répétition finie, le monsieur vient faire ses compliments au compositeur et l'accompagne sur le boulevard.

Il est tard, la répétition a creusé l'estomac d'Offenbach, qui entre chez Brébant. Comment laisser là cet étranger si charmant? Impossible. Il lui offre à souper; l'autre accepte.

— Mais où donc, se demande Offenbach en soupant, où donc ai-je vu cette figure-là? c'est évidemment un grand personnage, mais qui est-ce?

Puis prenant son courage à deux mains : « Il n'y a, se dit-il, qu'un moyen de savoir les choses, c'est de les demander! »

— Mon Dieu! monsieur, fait-il avec un sourire de circonstance, pourriez-vous me dire où j'ai eu l'honneur de vous rencontrer pour la première fois?

— C'est bien simple, répond l'autre fort poliment, c'est à Pesth. C'est moi qui, il y a huit ans, vous ai fait la redingote à brandebourgs dont vous avez été si content !

Toute la journée, Offenbach avait promené ce tailleur qu'il n'avait vu qu'une fois dans sa vie !

✱

La petite étude que je fais sur Offenbach serait incomplète si je ne disais pas qu'il a le cœur le meilleur et le plus charitable qu'on puisse rencontrer.

Comme tous les gens qui connaissent la vie et les difficultés qu'elle oppose à ceux qui veulent y conquérir une place, Offenbach comprend que ceux qui ont triomphé doivent quelque chose à ceux qui n'ont pas pu arriver.

Il est peu de demandes de secours qui ne réussissent auprès de lui; machinistes blessés, acteurs fourbus, chanteurs qui ont perdu leur voix, tout abonde dans son antichambre. Ils vont même jusqu'à le suivre à la campagne, au bord de la mer.

Je me rappelle qu'à Etretat, que nous avons un peu fondé tous les deux, il n'était pas de musiciens indigents pour qui il n'organisât des concerts auxquels il participait comme exécutant, et qu'il ne renvoyât avec quelques louis dans leurs poches.

Non pas qu'il fasse le bien aveuglément, comme on en jugera par l'anecdote suivante :

Un jour qu'il rentrait chez lui, un homme vêtu de noir, boutonné jusqu'au col pour cacher l'absence de linge, lui dit :

— Monsieur Offenbach, ayez pitié d'un confrère dans l'indigence !

— Comment confrère ? demanda l'auteur d'*Orphée*, est-ce que vous êtes compositeur ?

— Non, je suis violoncelliste.

— Ah ? eh bien ! montez avec moi !

Chemin faisant, Offenbach se demandait où il avait vu cet homme dont la physionomie ne lui était pas absolument inconnue.

Arrivé dans son salon, il le prie de l'attendre un instant.

— Monsieur, lui dit-il en rentrant, vous m'avez dit que vous étiez violoncelliste, j'adore la basse, voici mon archet, voici mon instrument, faites-moi donc le plaisir de me jouer seulement quatre notes.

— Monsieur !... fit le mendiant d'un air froissé et repoussant l'archet, du geste d'Hippocrate refusant les présents d'Artaxercès.

— Eh bien, continua Offenbach à qui la mémoire

était revenue, je vous reconnais ! Vous êtes venu il y a trois mois comme flûte, il y en a six comme violon, il y en a neuf comme clarinette, et il y a un an comme cornet à piston, vous allez me faire le plaisir de filer. Je veux bien qu'on me prenne pour banquier dans une certaine mesure, mais je ne veux pas passer tout à fait pour un imbécile !

Puis il remit sa basse et son archet dans leur étui.

L'homme salua, mais ne se retira pas.

— Vous ne seriez pas M. Offenbach, murmura-t-il, si vous n'aviez que cela à me dire !

— Vous avez raison, fit Offenbach désarmé, et il lui donna le secours qu'il demandait.

C'est peut-être l'acte le plus féroce de sa vie.

**

Les voyages font partie de l'existence normale d'Offenbach ; du jour au lendemain il se met en route pour Vienne, pour Londres, pour aller à un bout de l'Europe sans qu'il lui en coûte plus que de se rendre à Chatou.

Depuis trois jours c'est pour l'Amérique qu'il s'est embarqué, afin d'y conduire des concerts pendant un mois ; il en rapportera une somme fabuleuse, près de deux cent mille francs.

Le succès qu'il a obtenu en Europe, il va le retrouver

de l'autre côté de la mer. Mes souhaits de bon voyage et de réussite l'y accompagneront avec ceux de tous les amis qu'il laisse ici et qui sont nombreux, il le sait bien le *gros* coquet!

J'ai dit, en commençant cette série de notes, que je ne comptais suivre ni ordre ni méthode; la notice que je viens de donner sur Offenbach, en est une preuve.

Ce système a pour moi cela de bon, qu'il me permet d'écrire comme je parle.

Par exemple, aujourd'hui, je viens de relire, dans les *Echos de Paris*, une anecdote d'avare. Involontairement je me rappelle le nom de celui qui, il y a une trentaine d'années, servait de type à toutes les nouvelles à la main de ce genre. Je veux parler du fameux marquis d'Aligre, sur le compte duquel on a raconté tant de fantaisies et aussi de choses vraies.

Peu à peu, mes souvenirs se fixant et rien qu'en jetant les yeux autour de moi, sur le quartier que j'habite maintenant, je me souviens des prévisions de M. d'Aligre sur l'augmentation du prix de la propriété dans cette partie de Paris. Le marquis de Larochejaquelein, lui aussi, avait compris le mouvement qui devait s'opérer et ne cessait de me répéter, il y a vingt ans :

— Mais achetez donc du terrain du côté du bois de Boulogne.

L'idée me souriait, je l'avoue ; mais j'avais de fortes raisons pour ne pas me livrer alors à d'aussi tentantes spéculations. De même, le marquis d'Aligre, qui possédait d'immenses terrains dans ces quartiers et qui entendait admirablement l'administration de sa fortune, augmentait tous les ans, des intérêts perdus, le prix de vente de ses propriétés. Si j'avais alors accepté certains terrains à 7 francs le mètre, j'eusse fait bien aisément une immense fortune puisque j'ai été obligé de les payer récemment 230 francs le mètre.

*_**

Ce qu'il faut dire avant tout, c'est que le marquis d'Aligre, malgré son avarice devenue proverbiale, avait de grandes qualités qu'on peut constater jusque dans les étrangetés des codicilles et des différents legs de son testament. Je reproduirai du reste à la fin de cette partie de mes souvenirs, une appréciation que j'ai publiée sur lui alors que je dirigeais *la Sylphide*.

Ancien chambellan de la princesse Pauline Bonaparte, le marquis d'Aligre était neveu du marquis de Boissy, dont les boutades ont fait tant de bruit au Sénat pendant le dernier Empire ; et on cite à ce propos l'anecdote suivante :

A l'époque où il était chambellan de la princesse Pauline, il fut mandé aux Tuileries par Napoléon, qui lui exprima le désir de lui voir accorder la main de sa fille au général Arrighi ; ce dernier, créé plus tard duc de Padoue, était cousin de l'Empereur ; malgré les avantages d'une telle union, le marquis refusa net, et comme Napoléon, entiché de sa manie de savonnette impériale, insistait ; M. d'Aligre, d'une voix respectueuse, mais ferme, lui répondit :

— Sire, vous m'avez fait ce que je suis, et je vous ai voué ma vie ; mais ma reconnaissance ne peut aller jusqu'à vous sacrifier le bonheur de ma fille ; elle a choisi M. de Pomereu et j'approuve ce choix,

C'était du courage, et du plus audacieux.

J'ai dit plus haut que le défaut du marquis d'Aligre était l'avarice poussée jusqu'à l'exagération la plus invraisemblable, surtout quand on songe à son immense fortune.

Heureusement pour ceux qui aiment les historiettes, il n'était pas le seul qui fût affligé de ce travers. Le comte Roy le partageait avec lui. Comme le marquis d'Aligre, il possédait une grande fortune qu'il était loin de dépenser, et on en pourra juger par l'anecdote suivante :

Le marquis d'Aligre et le comte Roy ne se connaissaient que par leur réputation d'*économie*, jamais ils ne s'étaient rencontrés, à leur grand regret, car ils se sentaient faits pour se comprendre. De loin en loin ils entendaient parler l'un de l'autre, et c'était assez pour leur inspirer une admiration réciproque.

Un beau matin, le marquis d'Aligre résolut de faire la connaissance d'un personnage qui lui inspirait de si vives sympathies. De son côté, le comte Roy chercha le moyen de voir un homme dont il entendait dire tant de bien. Ils étaient dans la situation de deux savants qui, étudiant la même science, auraient besoin de s'épancher dans le cœur l'un de l'autre et de se communiquer leurs dernières découvertes.

Le fait est que chaque jour il circulait sur le compte de chacun des récits de l'avarice la plus sordide.

Mais comment faire pour se voir? il y avait là de graves questions à se poser.

Le comte Roy se considérant comme obligé par son âge à faire la première démarche (il était plus jeune de deux ou trois années), le comte Roy, dis-je, écrivit au marquis d'Aligre pour lui demander l'honneur d'une entrevue. La lettre était d'un parfait gentilhomme, irréprochable de tous points, à ceci près qu'elle était écrite sur une demi-feuille de papier à lettre.

En la recevant, le marquis fut enchanté du style, mais ayant examiné le papier, il fronça le sourcil.

— C'est un prodige! se dit-il, donnons-lui une légère leçon.

Puis il prit une feuille de papier coupée au verso d'une lettre de faire part de mariage, et se mit à écrire.

Cette fois, le comte Roy n'y tint plus; la lettre du marquis était si charmante, si spirituelle, que la visite fut immédiatement décidée. Le lendemain soir il arrivait chez M. d'Aligre.

Lorsque le comte Roy entra chez le marquis d'Aligre, celui-ci se tenait dans son salon qu'il avait fait éclairer avec une rare profusion relative, car il avait en tout une lampe et deux bougies. Le comte Roy en voyant ce luxe inaccoutumé regrettait presque d'être venu; mais il eût été inconvenant de se retirer; il s'avança donc.

Après l'échange des politesses ordinaires, chacun d'eux s'assit au coin de la cheminée.

— Monsieur le marquis, dit le visiteur, je suis certain de passer une excellente soirée avec vous; non-seulement vous êtes gentilhomme, vous possédez un rare esprit; mais de plus nous avons à l'endroit de ceux qui jettent l'argent par les fenêtres, qui gaspillent leurs biens, des idées absolument semblables.

Le marquis d'Aligre sourit en saluant, puis, étendant

le bras vers la lampe, il en baissa doucement la mèche ; et comme prenant une résolution, il la baissa tout à fait et en noya la flamme dans l'huile.

Un léger soupir de satisfaction sortit de la poitrine du comte.

La conversation reprit, sur le même sujet, bien entendu.

Au bout de quelques minutes d'entretien, le comte dit au marquis :

— Ne pensez-vous pas comme moi que lorsqu'on s'est vu assez pour connaître son visage et qu'on ne s'est réuni que pour causer, il est à peu près inutile d'y voir clair ?

— Tout à fait inutile ! ajouta vivement le marquis, et j'étais sur le point de vous demander la permission de souffler ces deux bougies, qui échauffent énormément cette pièce.

— Faites donc ! dit le comte.

Le marquis d'Aligre éteignit les deux bougies.

Alors le dialogue devint plus vif, plus étincelant. On ne cessait de se féliciter d'être dans une si bonne voie. On constatait que l'espèce humaine ne dégénérait que parce qu'elle était prodigue et que tout mendiant deviendrait forcément millionnaire s'il savait économiser.

Ce n'est pas seulement dans l'âge mûr que le marquis d'Aligre arriva à la perfection d'avarice qui lui valut une telle notoriété.

Voici ce que me racontait un de ses hommes d'affaires :

Dans sa jeunesse, ce gentilhomme n'était pas moins attaché à son plaisir qu'à ses richesses, mais il avait beaucoup de peine à satisfaire ces deux penchants, dont le contraste faisait le supplice de sa vie. Voici le moyen qu'il avait imaginé pour les mettre d'accord.

Il s'était imposé la loi de ne jamais dépenser au delà d'une certaine somme, fort au-dessous de son revenu. Quand quelque tentation l'exposait à enfreindre la loi, il capitulait avec lui-même, et, se mettant à genoux devant son coffre-fort, il lui exposait de la façon la plus touchante le besoin d'un secours extraordinaire, et lui demandait ensuite comme un emprunt la somme qu'il lui fallait.

Mais, pour se garantir à lui-même la sûreté du prêt, il ne manquait jamais de déposer dans le coffre-fort un diamant qu'il avait coutume de porter au doigt, et ne se permettait de le reprendre qu'après que le vide dont ce bijou était le gage avait été rempli par son économie sur d'autres dépenses.

Les journaux regorgeaient de nouvelles à la main, de mots, tous prêtés à des avares inconnus, mais que tout le monde savait être du marquis d'Aligre ; si le doute venait on pensait au comte Roy, mais on ne leur comparait personne. Eugène Guinot a écrit plusieurs feuilletons sur ces deux curieuses individualités ; voici à peu près ce qu'il dit dans celui qui suivit de quelques jours la mort du marquis d'Aligre ; chose singulière, le comte Roy mourut presque en même temps que lui :

⁎⁎⁎

« M. Roy et M. d'Aligre étaient riches également à peu près et au même degré. Ils avaient l'un et l'autre un revenu d'environ deux millions, — plutôt plus que moins ; — et le revenu représentait un capital en terres, en maisons, en fermes, en châteaux, en forêts. Chaque année, ces deux grandes fortunes étaient augmentées par le fruit de l'épargne, car M. Roy et M. d'Aligre pratiquaient l'un et l'autre les règles de la plus stricte économie.

« Ils n'avaient aucun faste. On aurait dit qu'ils craignaient d'humilier leurs contemporains en déployant toute la splendeur que leurs moyens leur permettaient. Ils menaient une vie exempte d'éclat ; ils fuyaient le luxe : c'étaient des pauvres honteux... Avez-vous jamais entendu citer les équipages de M. Roy ? Les fêtes de M. d'Aligre ? Non. Ils ne donnaient pas dans ces vanitéslà ; ils vivaient modestement. Ils aimaient à recevoir de l'argent et non à recevoir du monde...

« Ces opulents économes savent seuls le bonheur qu'on éprouve à thésauriser et à élever ainsi, sac à sac, le monument d'une fortune colossale. Les privations sont douces au prix de cette jouissance. Qu'importe ce qu'en dira le monde ! S'il critique d'un côté, il admire de l'autre. Il raille l'avare, mais il salue profondément le millionnaire.

« D'ailleurs, avec tant de richesses l'avarice devient de l'originalité. Ce n'est plus un vice, c'est une bizarrerie. Quand un homme qui a deux millions de rente réunit, par la force des circonstances, vingt-cinq convives à sa table, et fait servir une bouteille de vin de Champagne, les gens qui restent le gosier sec sont entraînés à considérer la chose sous son côté plaisant. La surprise surpasse la déception, et les buveurs déçus disent tout bas : — C'est un bon tour à raconter.

« Ce même avare donne à son valet de chambre un chapeau râpé, piteux, délabré, — tel, enfin, qu'est un chapeau quand un avare le quitte, ou plutôt quand il quitte un avare. Quelques jours après, le millionnaire voit son valet coiffé d'un chapeau passable, et il s'étonne tout haut de cette élégance inaccoutumée. « Qu'est-ce que cela ? demande-t-il. — C'est le chapeau que vous m'avez donné, monsieur, et que le chapelier a ainsi restauré moyennant la somme de vingt sous. — Vraiment! dit le maître en mettant sur sa tête le chapeau du valet; ce chapeau est trop bon pour toi, je me suis trompé en te le donnant; voici tes vingt sous; je le reprends et je le garde. »

On raconte une foule d'anecdotes pareilles à celle-là, sur M. d'Aligre particulièrement, mais il y a dans la plupart de ces historiettes beaucoup d'inventions exagérées.

Le trait distinctif du caractère parcimonieux de M. d'Aligre était son aversion pour le rôle de créancier. Il eût mieux aimé gagner une maladie que de créer un débiteur. Prêter de l'argent était la dernière chose qu'il eût faite volontairement.

Cependant les emprunteurs ne manquaient pas; ils accouraient sur cette éblouissante fortune comme des moucherons autour de la flamme d'une bougie. De même que tous les heureux et tous les puissants de la terre, M. d'Aligre avait beaucoup d'amis et une foule de courtisans. Or, il advenait souvent qu'un de ces amis ou un de ces flatteurs se détachait du groupe, prenait à part M. d'Aligre, lui révélait une situation embarrassée et le priait de lui prêter une certaine somme pour se tirer d'affaire et sortir de cette difficulté momentanée.

M. d'Aligre avait, pour ces occasions-là, un plan de conduite qu'il suivait toujours avec une exactitude méthodique.

— Vous me demandez de l'argent à emprunter ? disait-il.

— Oui.

— Combien ?

L'emprunteur disait le chiffre de la somme, il ne manquait jamais d'ajouter :

— C'est une misère pour un homme aussi riche que vous !

— Très-bien, reprenait froidement M. d'Aligre.

Et allant à son secrétaire, il en retirait un énorme registre qu'il ouvrait au dernier feuillet entamé par l'écriture.

Puis, prenant une plume, il inscrivait le nom de l'emprunteur, se faisant quelquefois dicter les prénoms et l'orthographe du nom propre.

L'emprunteur était secrètement charmé de cette formalité de bon augure.

M. d'Aligre inscrivait ensuite la date de l'emprunt, puis il se faisait répéter le chiffre.

— Je vous demande pardon de ces détails fastidieux, disait-il avec sa politesse de marquis.

— Comment donc ! reprenait l'autre, en affaires, on ne saurait mettre trop d'ordre et de ponctualité.

L'inscription faite, M. d'Aligre disait à l'emprunteur avec un admirable sang-froid :

— Veuillez vous approcher.

Puis, additionnant avec le plus grand soin, depuis le haut de la page jusqu'au bas, il tirait deux lignes d'une netteté irréprochable, et écrivait un total en chiffres, soit 8,593,675.

Ce travail fait, il reprenait la plume et inscrivait en toutes lettres (par exemple) la somme de huit millions cinq cent quatre-vingt-treize mille six cent soixante-quinze francs.

— Voyez ! continuait-il, et vérifiez si cette addition est bien juste.

— Mais, monsieur le marquis...

— Non, non, voyez vous-même !

— Oui, monsieur, disait l'emprunteur après avoir jeté un coup d'œil dont la rapidité attestait la politesse, c'est parfaitement exact !

Alors le marquis changeait de ton, et fixant dans les yeux son visiteur :

— Comment trouvez-vous ce grand livre ? Sa dimension ne vous paraît-elle pas considérable ? Eh bien, il est entièrement consacré à des inscriptions semblables à celle que je viens d'y mettre, et j'en suis arrivé à ses derniers feuillets. Voyez, la première date de l'émigration à Londres. J'étais riche déjà, riche dans l'exil, et les emprunteurs abondaient, j'eus dès lors l'idée de commencer cet ouvrage pour me servir de titre justificatif et m'absoudre des refus que j'étais contraint de faire. Toutes les sommes qui m'ont été demandées à emprunter avec la date de l'emprunt et les noms de l'emprunteur sont exactement inscrites sur ce livre. L'addition marche et se poursuit de page en page, et le total, si consolant pour moi, prouve que si j'avais prêté tout l'argent qu'on a voulu m'emprunter, je serais aujourd'hui réduit à la mendicité, car je n'ai pas besoin de vous dire que la plupart de ces prêts auraient été faits sans espoir de retour, les emprunteurs étant à tout jamais dans l'impossibilité de s'acquitter.

Après ce petit discours, le marquis congédiait avec la plus grande courtoisie son visiteur; il le reconduisait non pas jusqu'à la porte de son salon, mais jusqu'à celle de l'escalier.

— Il est poli au moins ! se disait avec un soupir celui qui était ainsi conduit.

Inutile reconnaissance, car le marquis ne voyait dans ces quelques pas qu'un exercice salutaire qui lui avait été recommandé par son médecin.

Encore un mot sur les prêts du marquis d'Aligre.

Un jour, un jeune homme nouvellement marié, parfaitement honnête et recommandé par les meilleurs renseignements, vient demander au marquis d'Aligre s'il ne lui serait pas possible de lui prêter 2,000 francs qu'il lui rendrait au bout d'un an.

En présence des recommandations, de l'intérêt véritable qu'inspirait ce jeune homme, le marquis prêta la somme.

Au bout d'un an, jour pour jour, il la rapportait au marquis.

Quelques mois se passèrent et un beau matin la même personne vint redemander un pareil service, s'appuyant justement sur l'exactitude de son remboursement.

Le marquis qui n'était pas encore revenu de sa surprise en voyant qu'on lui avait rendu de l'argent prêté le congédia brusquement en lui disant :

— Allez, monsieur, et sachez qu'on ne m'attrape pas deux fois !

M. d'Aligre avait la manie d'acheter des rentes viagères. Il sacrifiait ainsi à l'égoïsme, qui fut toujours sa vertu favorite, tout en respectant l'orgueil héréditaire du nom.

Un jour, il achetait des rentes dans les bureaux d'une compagnie. On lui servit son coupon ou son bordereau, selon le langage financier. L'opération faite, il attendait encore quelque chose, et comme on ne lui donnait rien, il demanda absolument une remise. — Une remise pourquoi? — Mais! est-ce qu'il n'est pas d'usage d'accorder une remise à ceux qui vous amènent des clients? Je suis venu seul, mais il m'eût été facile de me faire amener par quelqu'un.

On en référa sur-le-champ à l'administration, qui fit payer la remise pour avoir la clientèle du riche marquis.

Comme je l'ai dit plus haut, pour trois ou quatre historiettes vraies relatives au marquis d'Aligre, l'esprit des chroniqueurs en produirait cent; il n'est pas jusqu'à la réclame qui, comprenant que ce nom attirait l'attention du public ne s'en soit servie pour se déguiser. En voici une entre autres que je vais dire comme je me la rappelle.

Le marquis d'Aligre portait un dentier, un râtelier, comme on disait autrefois. Un beau jour, il s'aperçut que ce meuble utile entre tous était quelque peu détérioré; il s'agissait de le faire remplacer.

Quelque temps après cette constatation on voyait, montant les escaliers du docteur X..., médecin dentiste, un homme vêtu d'une grande redingote à brandebourgs, boutonnée jusqu'en haut, sans doute pour dissimuler une absence de linge blanc. Le chapeau était des plus râpés, les gants horriblement élargis par l'usage, craqués entre les doigts, les bottes usées aux talons témoignaient d'une véritable indigence ; malgré tout, en examinant l'homme qui portait ce costume, on trouvait encore en lui une certaine allure, un fond de gentilhommerie que la misère n'avait pu effacer complétement.

Ce singulier personnage s'arrêta au premier étage au-dessus de l'entresol, et sonna à la porte du grand dentiste. On lui ouvrit, il traversa plusieurs salons remplis de personnes appartenant aux plus hautes classes de la société parisienne ; le faubourg Saint-Germain et la chaussée d'Antin, la noblesse et la finance s'y trouvaient réunis. Le docteur X..., informé de la présence dans ses salons d'un homme qui paraissait peu fortuné, ne put réprimer un mouvement de son bon cœur, et s'excusant auprès de la princesse de Z..., du duc de R..., de la marquise F... de G..., du comte de C... T..., demanda la permission de ne pas faire attendre plus longtemps cet intéressant visiteur.

L'autorisation fut accordée, et le nouveau client pénétra dans le riche cabinet du dentiste. (Ici était une longue description du cabinet que je me garderai bien de reproduire.)

— Monsieur, dit-il au célèbre dentiste, j'ai le malheur de n'être pas riche, je suis réfugié polonais, condamné à mort, privé de mes biens, qui sont depuis longtemps séquestrés ; bien que je n'aie pas beaucoup de revenus maintenant, ajouta-t-il avec un mélancolique sourire, je voudrais bien pourtant en manger encore quelque peu. Mes dents m'ont abandonné et je désirerais pouvoir en mettre d'autres. Quoique peu fortuné, je n'ai voulu avoir affaire qu'à un grand artiste, à un prince de la science et voilà pourquoi je suis ici.

Touché de la franchise et de la dignité du malheureux Polonais, le docteur X... eut peine à maîtriser son émotion. (La princesse Czartoriska donnait alors ses grandes soirées de bienfaisance à l'hôtel Lambert, et le sort de l'infortunée Pologne attendrissait tous les cœurs vraiment bienfaisants.)

Le docteur X... examina avec la sûreté de coup d'œil qu'on lui connaît, la bouche de l'exilé ; avant qu'il eût pu seulement trouver le temps de faire un geste, il lui avait arraché deux dents absolument inutiles et à l'aide d'une cire molle, tiède et parfumée, pris une empreinte d'une indiscutable fidélité.

— Monsieur, lui dit-il avec respect, dès que cette opération fut terminée, c'est-à-dire instantanément, veuillez me faire l'honneur de revenir avant la fin de la semaine, vous serez introduit immédiatement malgré la foule qui encombre les abords de mon cabinet.

— Monsieur, interrompit le gentilhomme, car c'en devait être un, je suis touché plus que je ne saurais le dire, de la délicatesse de votre procédé, mais il est indispensable que je sache de combien je vous serai redevable.

— Pour tout le monde, répondit le docteur en essuyant une larme, le râtelier que je vais vous faire coûterait trois mille francs, pour vous il coûtera seulement cinq cents francs.

— Monsieur, ajouta le client avec un accent rempli de noblesse, je vous remercie au nom de la Pologne entière.

Puis il salua dignement et sortit.

A peine était-il parti que le duc de R... entrait dans le cabinet du dentiste.

— Ah! docteur, lui dit-il en se renversant dans un de ses excellents et moelleux fauteuils et en jouant avec un de ses charmants flacons d'élixir odontalgique, vous avez une bien belle clientèle !

— En ce moment oui, répondit avec respect le prince de la science, mais pas toujours, ainsi, il vient de sortir d'ici un pauvre Polonais qui...

— Ce monsieur qui sort à l'instant, un pauvre Polonais ! mais c'est le millionnaire marquis d'Aligre !

— Allons donc? avec cette redingote à brandebourgs!

— Il l'a louée pour que vous lui preniez moins cher !

— C'est trop fort ! fit le docteur ; puis, il procéda, avec la vivacité et la légèreté de main qu'on lui connaît, à l'extraction d'une dent molaire.

— Je vous l'affirme ! continua le duc, qui ne s'était pas aperçu de l'opération.

Huit jours après cette conversation, le marquis revenait, toujours vêtu de sa polonaise, pour prendre livraison du dentier promis. Cet objet d'art était admirablement réussi, comme tout ce qui sort de chez le docteur X...

— Voici mes 500 francs, fit l'homme à brandebourgs en posant un billet sur le bureau du docteur ; vous vous rappelez nos conditions ?

— Parfaitement, répondit le docteur. J'ai dit que je ferais payer 500 francs seulement au grand seigneur polonais ruiné, mais je demande 3,000 francs au riche marquis d'Aligre !

— Monsieur, fit M. d'Aligre, votre conduite est indélicate, je plaiderai !

— Faites ce que vous voudrez, monsieur le marquis, répondit le docteur d'une voix ferme, tout le monde saura ainsi par quelle supercherie un homme de votre rang et de votre fortune a voulu exploiter l'humanité d'un dentiste.

— Donnez-moi un papier, dit sèchement le marquis, je vais vous faire un bon sur mon banquier.

— Votre parole me suffit, ajouta courtoisement l'opérateur.

Le marquis se retira furieux du dénoûment de cette visite. Une heure après, le dentiste recevait les 3,000 francs convenus. Il en détachait 500 francs, qu'il mettait dans sa caisse et envoyait les 2,500 francs restants à la souscription de la princesse Czartoriska; il ne voulait pas que la Pologne perdît un centime de la somme qu'il lui avait destinée.

***

Comme on le voit, il n'y avait là qu'une réclame à quadruple détente, pour dire que le dentiste X... avait du talent, du cœur, de l'esprit et de la générosité; mais la personnalité du marquis d'Aligre était tellement intéressante pour le public que, vraies ou non, on acceptait toutes les anecdotes où figurait seulement son nom.

On ne parlait que des dîners étranges que donnait le marquis d'Aligre, dîners où tout le dessert, composé de fruits superbes, poires, pommes, raisins de dimensions phénoménales, était loué probablement à un grand restaurateur. Un jour, un invité, peu habitué à la table du marquis d'Aligre, eut le malheur de prendre une poire et de la couper en deux; tous les convives furent consternés; on se regardait comme s'il s'était passé quelque chose de monstrueux ; la conversation tomba subitement : le marquis était un peu pâle. On se retira de bonne heure. Les dîners ne reprirent que longtemps après cette fatale soirée. On n'y revit jamais l'amateur de fruits.

A propos de soirée on m'a raconté comme absolument authentique l'anecdote suivante :

Le marquis d'Aligre devait recevoir le soir. Comme, malgré tout, il voulait tenir son rang, il dut commander à un glacier tous les rafraîchissements de la soirée. Le chiffre de la dépense totale avait été longtemps débattu avec le domestique au chapeau dont j'ai parlé plus haut. Bien qu'il fît tout pour plaire à son maître, ce valet de chambre était obligé de batailler quelquefois pour obtenir le nécessaire. Dans le courant de la journée il vint trouver le marquis d'Aligre d'un air assez embarrassé.

— Qu'est-ce que vous voulez ? demanda le maître.

— Eh bien, monsieur le marquis, il y a une chose que je dois vous dire : nous n'avons pas pensé au concierge qui doit veiller toute la nuit, pendant que les invités entreront et sortiront.

— Est-ce qu'il demande quelque chose ?

— Dame, monsieur, il faudra bien qu'il ait sa lampe allumée et comme naturellement son huile brûlera pendant tout ce temps-là...

— C'est juste ! fit le marquis en l'interrompant brusquement ; puis, après un instant de réflexion, et comme avec effort : — Eh bien, vous lui donnerez... trois sous!

— Oui, monsieur le marquis.

Et, comme le domestique allait se retirer, M. d'Aligre, se ravisant, lui dit :

— J'ai réfléchi, j'aime mieux le traiter comme un invité. On lui fera donner du punch, des glaces et des gâteaux ; il y en a toujours de perdus dans une soirée et cela fait que je n'aurai rien à débourser de plus !

On ne finirait pas s'il fallait rapporter toutes les légendes de ce singulier homme. Croirait-on que pour un déjeuner qu'il donnait à sa campagne il avait été jusqu'à emprunter des ronds de saucisson (les fameux saucissons d'Aymès !) à un voisin. Celui-ci, qui s'était empressé de rendre ce petit service au marquis, fut bien étonné, quand le soir il se vit renvoyer ses ronds de saucisson. Le marquis comprenant qu'il faudrait rendre sous une forme ou sous une autre cet acte de complaisance, n'avait cessé pendant tout le repas de se plaindre de la quantité d'ail qu'Aymès introduisait dans ses saucissons, personne n'avait osé y toucher, et les ronds étaient restés intacts.

C'est lui qui avait endossé le premier l'historiette suivante qui a bien fait son chemin depuis et qu'on a prêtée aux Harpagons de tous les pays :

— Mes enfants, avait-il dit à ses deux petits neveux ou petits cousins, je suis content de vous, et pour vous récompenser, je vous emmènerai aujourd'hui même voir prendre des glaces à Tortoni.

Les malheureux collégiens furent donc emmenés devant Tortoni.

On regarda effectivement les consommateurs, mais sans s'asseoir à une table.

— Allons, partons, mes enfants ! leur dit le marquis, quand il jugea que la récréation avait duré assez longtemps.

En s'en allant, l'un des deux lycéens disait à l'autre :

— A quoi aimes-tu mieux voir manger les glaces ?

— A la groseille, parce que c'est rouge ! répondit l'autre philosophiquement.

— Si je suis encore content de vous, leur dit le soir le marquis d'Aligre, en les renvoyant au collége et en les embrassant bien affectueusement, nous recommencerons cette petite partie-là !

⁎

J'ai dit plus haut que le marquis n'était pas prêteur ; il n'en faut pas conclure que jamais il n'obligeait personne avec son argent, mais il savait entourer ses bienfaits de tant de conditions étranges, que les obligés avaient bien vite oublié le service rendu.

Ainsi, un jour, un de ses amis intimes vint lui demander de lui prêter 3,000 francs.

Le marquis avait cette opinion vraie ou fausse que de l'argent donné à l'argent prêté il n'y avait pas grande différence.

— Mon cher ami, dit-il à l'emprunteur, 3,000 francs c'est impossible, mais je vais vous faire gagner instantanément 1,500 francs et autant à moi-même.

L'emprunteur ouvrait de grands yeux.

— C'est bien simple, continua le marquis, tirant 1,500 francs d'un grand portefeuille, mettez cela dans votre poche.

Et comme tout en acceptant l'argent qui lui était donné l'ami avait l'air de ne pas comprendre :

— 1,500 francs que vous mettez dans votre poche et que vous ne me rendrez jamais, voilà votre bénéfice, 1,500 francs que je ne vous donne pas, voilà le mien !

L'ami rit beaucoup de cette plaisanterie, d'autant mieux qu'il réalisa de point en point la prédiction du marquis d'Aligre.

Cette historiette d'une somme coupée par la moitié, m'en rappelle une autre ; elle ne tient en rien à l'histoire du marquis d'Aligre et je ne la donne que comme un hors d'œuvre :

D... avait la mauvaise habitude de payer trop rarement ses fournisseurs. L'un d'eux, surtout, était désolé de cette façon de comprendre les relations du client avec celui qui lui fabrique des habits. Ses notes, envoyées dix fois, étaient fidèlement renvoyées avec déchirure de l'acquit.

Un beau matin, notre homme apprit que son client était pourvu d'un conseil judiciaire. De cette révélation résulta une vive explication, dont il ressortit que D... devait juste 1,800 francs au tailleur.

Comme ce dernier se récriait :

— Parlez plus bas, dit D...; en résumé, vous avez enflé votre note parce que je payais mal, et vous m'avez compté des vêtements le prix double de ce qu'ils valent.

On devine les contorsions, les protestations du tailleur.

— Enfin, dit D..., si je vous donnais neuf cents francs ?

— Jamais ! jamais !

Réfléchissez.

Le tailleur réfléchit en effet, puis au bout d'un instant de recueillement répondit : J'accepte !

— Eh bien, dit D..., vous avouez que vous vouliez me voler neuf cents francs ! ce qui est permis à un tailleur l'est aussi à un client, je vous vole neuf cents francs, nous sommes donc quittes.

Après quoi, il ouvrit la porte et fit sortir le malheureux tailleur tout ahuri de cette étrange et coupable logique.

La mort du marquis d'Aligre excita au plus haut point la curiosité des Parisiens ; la publication de ses testaments a occupé tous les journaux pendant plus d'un mois. On y trouvait les legs les plus inattendus escortés de conditions aussi nouvelles qu'inexplicables. Le directeur de théâtre qui eût loué sa salle pour y lire ce fameux document eût fait des recettes plus belles que celles de M. Hallanzier.

J'ai parlé plus haut de ce domestique économe à qui le marquis avait repris son chapeau fraîchement retapé. Celui-là s'attendait certes à un legs assez considérable. Enchérissant sur l'avarice de son maître il devait croire à ses sympathies et à sa reconnaissance. Quand on ouvrit le testament, on y trouva ce don et cette phrase demi-goguenarde :

« Je lègue à P..., mon bon et excellent domestique,
« une rente viagère de 600 francs ; je le connais, c'est
« plus qu'il ne lui en faut, et je suis certain qu'il
« trouvera moyen de faire encore quelques petites
« économies. »

Etait-ce sincère ou ironique? on ne l'a jamais su.

Autre legs :

Le marquis d'Aligre avait une parente attachée depuis de longues années à sa maison ; elle élevait ses jeunes filles auprès d'elle. Tout le monde avait plus ou moins supputé la somme considérable que cet homme tant de fois millionnaire lui laisserait ; d'autant plus que le marquis ne tarissait pas d'éloges sur son compte ni sur celui de sa fille.

Par un article admirablement écrit, entouré de tous les remercîments possibles, le marquis d'Aligre légua à cette parente une petite tasse de porcelaine ébréchée ; voici le texte même du dernier article :

« Je lègue à madame X..., ma seule et véritable amie, ma petite tasse en vieux Sèvres que j'aimais tant. Je m'en suis servi jusqu'à ma dernière heure. »

Il est vrai que dans ce testament on lisait les articles suivants :

« *J'ôte à ma fille bien-aimée et unique tout ce que la loi me permet de lui ôter !* »

Quel amour de père !

Voilà une pauvre femme qui va se trouver deshéritée avec 4 ou 500,000 livres de rentes ! Passons.

« ..... A mademoiselle Falcon, 50,000 francs pour avoir eu le plaisir de l'entendre chanter une fois (*sic*). »

« ..... A mon ami ***, 25,000 livres de rente, à la charge d'en faire 20,000 à P. C. et à A. »

Par quelles émotions doit passer en une minute un pareil légataire !

« ..... Je veux que tous mes châteaux soient démolis et les matériaux distribués aux communes où ils se trouvent. »

Le reste à l'avenant.

M. d'Aligre était trop homme d'ordre pour approuver les magnificences et les splendeurs païennes de la Madeleine ; aussi a-t-il cru devoir les condamner dans son testament en qualité de bon paroissien. Voici, à peu près, comme il s'exprimait, dans l'article consacré à son âme :

« Je sais que la Madeleine compte beaucoup sur mes funérailles ; je ne veux qu'un enterrement de dernière classe et dans une autre église que la Madeleine. »

Puis venaient des milliers de francs destinés à des messes à perpétuité, mais toujours à l'exclusion de la paroisse réprouvée.

Chaque semaine on découvrait un nouveau testament du marquis annulant les précédents. Voici ce que je retrouve dans un journal de l'époque :

« Les succès posthumes de M. le marquis d'Aligre continuent leur marche ascendante, et il doit se tenir les côtes à force de rire dans le lieu quelconque où ses vertus l'ont fait admettre.

« Un nouveau testament a été découvert qui brode sur le premier. Cela s'appellera les variations testamentaires. Il lègue *à une dame* (nous tairons son nom) pour cent mille francs d'images pironiennes plus expressives les unes que les autres, collection des plus précieuses et des plus rares. A une autre dame, une paire de pendants d'oreilles, la plus belle du siècle, dit-on ; on l'estime cent mille écus... Quelle joie !.., Mais, attendez !... il ne lui en lègue que la moitié... les boutons... c'est le moins cher. Les poires vont à l'hôpital de***. Ce legs en communauté d'une femme et d'un hôpital renferme une idée éminemment philosophique et morale. Le rapprochement est peu aimable, mais il a un côté vrai que bien des gens ont conçu.

« L'hôpital, lui, ne peut refuser ; mais si nous étions de la femme, nous refuserions notre part...

« Après cela, si nous étions de la femme, nous ne penserions probablement pas comme nous pensons, et nous réfléchirions que ce qui est bon à prendre est bon à vendre, sinon à porter, mais jamais à rendre.

« Tout ceci n'est qu'une petite péripétie, car il y a une *cassette*. Oui, mesdames, une cassette ! Le marquis eût manqué à Molière s'il n'en avait pas eu une. Il y a une cassette mystérieuse qui ne doit être ouverte que dans huit jours ! *Fremuere hœredes!* Et tout ce qui s'est joué jusqu'à ce moment n'est que du prologue. Le marquis avait le diable au corps. On le trouvera dans cette cassette. Elle renferme tous les biens et tous les maux. On est dans l'attente. La Bourse ne tiendra pas ce jour-là et les tribunaux seront en vacances. Relâche à tous les spectacles. Aucun ne vaudra celui des figures des intéressés à la chose. »

Qu'on ne croie pas à de l'exagération dans ces récits; pour donner idée du trouble qu'occasionnait cette succession, on n'a qu'à se reporter à la *Gazette des Tribunaux* du mois de juin 1847. On y trouvera, entre beaucoup d'autres, les paragraphes suivants qui dépeignent bien les dédales inextricables par où le fantaisiste marquis conduisait ses légataires :

« Un incident relatif à l'opulente succession du marquis d'Aligre, s'est débattu aujourd'hui à l'audience des référés.

« On sait que M. d'Aligre n'avait pas fait moins de trente testaments ou codicilles. Indépendamment de ceux déposés au greffe du tribunal de première instance de Paris, on en retrouve à chaque instant, à Moulins et dans les somptueuses résidences d'été du défunt.

« Mᵉ Aviat, avoué de M. le comte de Colbert, s'est présenté et a dit : M. d'Aligre n'a laissé qu'une héritière à réserve, sa fille unique, madame la marquise de Pomereu. En instituant pour légataires universels de la quotité disponible les enfants mineurs de M. le comte de Colbert, M. d'Aligre les a chargés d'acquitter 10 millions de legs particuliers en capital, et pour 375,000 francs de rentes viagères. MM. Breton et Guyot-Desfontaines, anciens notaires, ont été désignés comme exécuteurs testamentaires.

« Lors de l'inventaire, à la requête de madame de Pomereu, le 26 mai dernier, MM. Breton et Guyot-Desfontaines ont pris la qualité d'administrateurs des biens immeubles composant les legs universels faits au profit des mineurs Colbert. M. de Colbert, alors absent, se présente aujourd'hui. Il rappelle qu'aux termes de la loi, le père seul est l'administrateur légal des biens de ses enfants mineurs. Les dispositions testamentaires n'ont pu donner ce titre d'administrateurs à MM. Breton et Guyot-Desfontaines, au mépris des droits du père de famille, et en fait cela n'a pas été écrit dans les testaments.

« Me Aviat demandait donc à figurer comme administrateur à l'inventaire, avec exclusion de cette qualité à MM. Breton et Guyot-Desfontaines.

« Me Lavaux, avoué de madame de Pomereu et des exécuteurs testamentaires, a combattu ces conclusions.

« M. le président de Belleyme a donné acte aux parties de leurs qualités respectives, et sans rien préjuger, a dit que l'inventaire se continuerait en présence de M. de Colbert père, tous droits réservés. »

Les incertitudes des héritiers ne faisaient, hélas! que commencer ; à côté des legs les plus sérieux on rencontrait des plaisanteries qui les anéantissaient complétement et que les intéressés devaient trouver du plus mauvais goût; voici, par exemple, ce que je lis dans *la Sylphide*, que je dirigeais à cette époque. C'est le dernier paragraphe de l'un des testaments :

« Je veux qu'un mois après mon décès, on ouvre, en présence de tous mes héritiers, le coffre-fort que l'on découvrira dans un réduit secret de mon hôtel.

« Pour arriver à cette cachette, il suffit de presser le clou doré du cinquième panneau de ma bibliothèque. Ce panneau est mobile et donne accès dans un corridor à l'extrémité duquel on ne voit que la muraille ; mais en examinant attentivement, sous la première rosace du papier, on sentira un ressort qu'il suffit de pousser : le coffre-fort est derrière.

« La clef de la cassette sera apportée au jour prescrit par un homme de confiance auquel j'en ai remis le soin. »

Cette cachette, dont nul ne soupçonnait l'existence, avait été pratiquée, autrefois, dans un des recoins les plus sombres de l'hôtel de la rue d'Anjou. Ne voulant avoir pour confident qu'un seul homme, son serrurier, M. d'Aligre, pendant tout le temps du travail, aida l'ouvrier en qualité de manœuvre et de gâcheur de plâtre.

⋆

On comprendra l'anxiété des héritiers ; quel trésor contenait la cassette mystérieuse ? Des liasses de billets de banque, des diamants, ou de l'or ? Enfin, le jour indiqué se leva. Bien avant l'heure fixée, les intéressés étaient au grand complet, attendant l'homme de confiance annoncé par le marquis. Il arriva : c'était le notaire de M. d'Aligre ; on suivit les indications et la porte du coffre-fort roula devant les assistants, qui sondèrent de l'œil les profondeurs de ses flancs... Déception ! Ni or, ni ruolz, ni diamants, ni strass, ni billets de banque.

Un rouleau de papier timbré, rien de plus. Le notaire le prit solennellement et en commença la lecture en ces termes :

— Ceci est mon véritable testament ; je déclare tous les autres nuls et abrogés !

Il y eut dans l'assemblée un soubresaut général ; la figure de Sancho Pança, au banquet de l'île de Barataria, lorsque les plats échappent à sa faim, avec la rapidité des fruits qui fuyaient Tantale, n'était pas plus déconfite que celle des héritiers ayant eu part au gâteau et se voyant remis en cause. Un dramaturge de profession n'imaginera jamais un effet plus saisissant, et le dénoûment du tableau de la prison dans *la Tour de Nesle* n'est rien en comparaison. Le notaire, seul impassible au milieu de ces désappointements, lut le testament d'un bout à l'autre, écrasant sans pitié les dernières espérances des héritiers déshérités.

Avant de donner quelques-uns des articles du testament du marquis d'Aligre, je retrouve dans mes souvenirs une anecdote qui complète assez bien son portrait.

Un jour, le marquis va rendre visite au duc de X... de ses amis, un grand seigneur qui avait érigé la coquetterie en principe et qui pensait qu'il est poli de cacher à ses contemporains les ravages du temps. Donc le marquis arrive un matin chez lui et se retire au bout d'une heure d'entretien.

A peine il était sorti que le duc de X... aperçoit sur sa cheminée une paire de gants bruns. Il les regarde et se recule bientôt avec horreur; ces gants, d'une couleur indéfinissable, avaient évidemment été blancs; un long usage les avait déformés, les bouts étaient absolument usés, et les boutonnières béantes témoignaient de longs et loyaux services. Pas une cuisinière n'aurait daigné s'en servir pour manier ses casseroles et son charbon.

Le duc prit ses pincettes, en saisit les gants qu'il posa sur un journal; cela fait, il roula avec précaution ce papier; puis il écrivit sur un papier qu'il piqua ensuite avec une épingle :

« *Gants appartenant à un grand seigneur, un des principaux propriétaires de France.* »

Ce petit travail était à peine terminé que l'intendant du marquis arrivait chez le duc, et d'un air fort embarrassé, rouge jusqu'aux oreilles, réclamait les gants du marquis!

Ils lui furent remis avec empressement.

Revenons au testament du marquis :

Nous ne citerons de cette pièce authentique que quelques articles, on appréciera notre réserve en ce qui concerne les principaux intéressés.

Art. IV. — Je lègue à M. de Boissy ma bénédiction pour compenser les malédictions que lui adresse chaque jour M. Pasquier. Puisse-t-elle lui être de quelque utilité au jour du jugement dernier.

Art. VII. — Je retire à MM. de A... et de P... ce que je leur avais laissé par mes précédentes dispositions. Ils ont tant de fois répété que j'étais homme à couper un liard en quatre, que je ne veux pas les exposer à changer d'opinion.

Art. IX. — J'invite madame de Pomereu ou ses ayants droit à verser aux charcutiers de Paris, une somme de 10,000 francs en souvenir de leurs prédécesseurs qui, avant la Révolution, se fournissaient de jambon et de viandes fumées à l'hôtel d'Aligre, rue Saint-Honoré.

Art. X. — Je lègue 20,000 livres de rente à l'invalide qui, de garde au pont des Arts, en 1839, et jugeant à mes vêtements que j'étais malheureux, a payé pour moi les 5 centimes de péage.

Art. XIII. — Considérant que la vertu demande à être encouragée, je consacre 100,000 livres de rente à la formation de cinquante dots de 2,000 francs en faveur de cinquante rosières. Le maire de Nanterre, qui en trouve une tous les ans, voudra bien se charger de la distribution. Si par hasard, sa commune ne lui fournissait pas le contingent, il est autorisé à s'adresser au théâtre du Gymnase.

Art. XIV. — Je lègue 200,000 livres de rente aux phalanstériens, mais ils ne toucheront cette somme que le jour où ils auront transformé l'Océan en orangeade, et gratifié l'homme de cet appendice cocsisiaque qui lui manque pour être égal au gibbon.

Art. XV. — X... recevra des mains de ma fille les notes acquittées de son tailleur et un habillement complet des magasins de la Belle-Jardinière. C'est élégant, économique et bien cousu.

Art. XVI. — Prenant en pitié la misère des pauvres

du 1ᵉʳ arrondissement, je veux que le prix des céréales récoltées sur mes propriétés, à la moisson prochaine, leur soit intégralement distribué.

Art. XX. — Enfin, je lègue à mes parents — l'oubli ; — à mes amis — l'ingratitude ; — à Dieu, mon âme ! — Quant à mon corps, il appartient à la sépulture de ma famille.

Telle est l'histoire du vrai testament de M. d'Aligre.

Le frère du marquis d'Aligre fut l'objet d'un legs dérisoire relativement à celui qu'il était en droit d'espérer. C'est du moins ce que je trouve dans une feuille de 1847 ; on y lit :

« Le célèbre Crésus qui vient de mourir a révélé, par son testament, certaines petites infirmités que beaucoup de gens ne lui soupçonnaient pas. Il était protecteur des rats. L'avant-veille de sa mort, il était aux courses avec quatre de ces animaux rongeurs dans sa calèche. Il possédait un frère qui lui faisait de très-belles exhortations sur ce sujet, comme le Cléante de *Tartuffe*, auquel frère il a répondu par une petite épigramme posthume qui témoigne de son mauvais caractère. Il lui a laissé pour tout legs une aumône de 20,000 francs de rente. Il n'y a rien de coriace et de féroce comme la rancune des vieillards. »

Ce qui n'empêche que bien des gens voudraient être

aussi mal traités par leur famille, que le fut M. d'Aligre par son frère.

✱✱✱

On a beaucoup commenté l'humeur bizarre qui présida à la confection de ces testaments. Je crois qu'il n'y faut voir que le regret profond d'un avare qui en quittant la vie a l'immense douleur de laisser sur la terre des biens qui avaient d'autant plus de prix que d'autres en étaient privés. Ces richesses amassées pour lui seul, il comprend avec quelle avidité elles vont être dispersées, et cet éparpillement d'objets, de sommes considérables, double pour lui l'horreur du départ.

Il veut se consoler, amoindrir par la raillerie la joie des survivants à jouir de ses biens.

En laissant cette tasse ébréchée à sa parente, en écrivant l'article qui la concernait particulièrement, peut-être que le marquis la regardait du coin de l'œil en se disant : « Va, chauffe bien ma succession, avec tes airs affectueux, tes petits soins et tes airs sucrés, tu crois me *mettre dedans*, c'est moi qui t'y mettrai, parce que j'aurai eu pour rien toutes tes attentions ; tu te moques de moi au fond, mais c'est moi qui rirai le dernier!

« Quant à toi, mon bon et brave domestique, qui me prends pour ta dupe, c'est toi qui es la mienne ; à la fin de mon dîner, quand tu sens bien que je te regarde, tu vides un fond de bouteille dans un autre, pour que je me dise en moi-même : Combien je suis heureux d'avoir un domestique qui me comprenne et qui sache économiser! dès que j'ai le dos tourné, tu bois des bouteilles non entamées ; dès que j'ai la plus légère indisposition, tu affectes devant moi d'avoir les larmes aux yeux, tu me présentes mes tisanes avec une feinte émotion et en rentrant à l'office, tu dis avec les autres : « Le vieux va bientôt déguerpir, » parce que tu crois à un legs considérable ! Eh bien, mon cher, bon et dévoué domestique, tu verras que les maîtres ne sont pas toujours plus bêtes que les valets et la rédaction de mon testament te le dira !

« Pour vous, mes amis, mes parents qui couvez depuis si longtemps cette fortune à laquelle j'avais consacré toutes mes affections, vous ne l'aurez pas, vous n'en aurez que des bribes insignifiantes, et personne ne pourra se vanter d'avoir dilapidé une fortune que le marquis d'Aligre avait amassée sou à sou ! »

Voilà je crois le vrai sens qu'il faut attacher aux codicilles de ce testament ; ne pouvant mieux faire, le marquis s'est vengé par l'ironie du regret qu'il avait de ne pouvoir emporter sa fortune avec lui.

⁎⁎⁎

Les anecdotes que j'ai racontées sur le testament de

M. d'Aligre seraient incomplètes, si je n'y joignais pas des renseignements authentiques qui viennent de me parvenir et qui prouvent que la charité a tenu une grande place dans les legs et les codicilles du marquis.

Le hasard a mis entre mes mains la copie des dispositions faites par M. d'Aligre à titre gratuit tant de son vivant que par acte testamentaire. Lors de sa mort, en 1847, une copie semblable a été donnée à chacun de ses héritiers.

C'est un grand registre qui ne contient pas moins de 350 pages représentant chacune plus de 100 lignes commes celles-ci, soit 35,000 lignes.

Je plains de tout mon cœur les notaires qui ont été obligés de lire tout cela ; je ne parle pas des dispositions intimes, qui n'étaient guère moins importantes, et que des raisons de convenance ne permettent pas de publier.

Le dépouillement de ce livre a dû être d'autant plus difficile à opérer que presque toutes les dispositions se trouvent reproduites en double, en triple, en quadruple, avec des modifications dont la date fait tout l'intérêt.

Ce livre, divisé en deux parties, contient les donations entre vifs, les testaments, les dépôts faits à différents notaires, donne les indications les plus précises pour les funérailles, les scellés, la sépulture, etc., etc.

Je n'entreprendrai pas de reproduire un ouvrage aussi considérable ; en le feuilletant, je copierai les legs qui me paraîtront les plus intéressants.

Je vois d'abord que le marquis dote l'asile d'Aligre (Eure-et-Loir) de 2 millions.

Un paragraphe singulier est celui-ci :

« Je désire que madame d'Aligre puisse jouir d'un logement convenable dans l'établissement pendant sa vie, si elle jugeait à propos d'y consacrer à la retraite quelques jours de l'année, lequel logement lui sera concédé pour toute l'année. »

Le fait est que pour 2 millions on peut bien prétendre à faire loger sa femme.

Il ajoute :

« Je désire que l'établissement soit principalement consacré au soulagement de la vieillesse, au soutien de l'enfance, au refuge des personnes égarées. »

On voit qu'heureusement pour son cœur, le marquis d'Aligre ne partageait pas les sentiments de certain conseil municipal de Paris.

Suivent une quantité innombrable de legs, de

100,000, de 50,000, de 10,000 francs de capital, de 20,000, 12,000 francs de rente, etc., qui représentent encore plusieurs millions.

Parmi les legs je remarque celui-ci :

« A madame Hasard, tous mes livres, bronzes, gravures, marbres et tableaux érotiques. »

Plus loin, il laisse une rente de 250 francs, à chacun des trente pauvres les plus âgés de Saint-Maurice.

Les fondations de lits pour les indigents, les pensions pour ses gens de service, se rencontrent à chaque page.

Ses parents ou alliés n'ont pas tous à se plaindre de lui ; je lis plus loin :

« Voulant offrir à la mémoire de ma femme, un hommage et un témoignage d'affection à sa famille,

« Je lègue et donne à M. Cyprien Camus de Pontcarré, son frère, une somme de 500,000 francs, etc., etc. »

Les dispositions se succèdent nombreuses ; chaque legs est étudié ; la prévision de la mort du légataire est toujours supposée ; la somme léguée devant, dans ce cas, tomber dans telles ou telles mains.

Je trouve une page où les legs de 100,000 francs

tombent dru comme grêle; il y en a là pour près d'un million; ce sont : MM. Cassicourt, Vauginois, Boville, etc., etc., qui sont les favorisés.

Dans un testament du 16 août 1846, je trouve ce legs, dont j'ai déjà parlé :

« Je laisse à mademoiselle Cornélie Falcon 40,000 fr. une fois payés. »

On se rappelle que c'est uniquement pour le plaisir qu'il a éprouvé à entendre la grande cantatrice que M. d'Aligre lui a laissé cette marque de souvenir.

Les hôpitaux de Château-Chinon, de Bourbon-Lancy, ne sont pas oubliés; le marquis lègue à l'un 300,000 francs, à l'autre, des biens qui doivent lui revenir d'une façon déterminée; à son petit-fils, 100,000 francs de rente; à un autre, 50,000 francs de rente; les millions se heurtent, se croisent, le vertige vous prend si on cherche à fixer le chiffre de cette fortune colossale et comme on le voit bien employée.

Les noms des sœurs Rosine, Rosalie et Eléonore Leroy, reviennent fréquemment parmi ceux des légataires.

Pas une propriété, pas un meuble, un bijou, une serviette n'est oublié dans ce testament que le marquis a dû mettre plusieurs années de sa vie à écrire.

Une institutrice reçoit 30,000 francs, un employé 100,000 francs, une commune, la même somme.

Les *bagues* sont innombrables ; voici comment le marquis définit ce mot :

« Toutes les fois que j'aurai mis le mot *bagues* dans mon testament, il sera entendu comme exprimant la quotité de la somme léguée en argent. »

On remarque que parmi les exécuteurs testamentaires, le marquis désigne l'évêque de Londres qui sera en fonctions à l'époque de son décès. Naturellement, M. de Boissy figure aussi au nombre des exécuteurs testamentaires.

Indépendamment d'autres libéralités, le marquis laisse à la marquise d'Aligre 200,000 francs de rente, qui n'ont rien de commun avec ses rentes et avantages matrimoniaux.

A la page 227, je trouve ce codicille important :

« Je lègue à chacune des neuf communes ci-après, etc., etc., à chacune 100,000 francs pour y établir un hospice. »

On dit que le parti libéral, égal et fraternel, compte aujourd'hui dans ses rangs des millionnaires ; je veux bien croire qu'ils n'y sont pas entrés par peur, et que leurs convictions seules les ont poussés à hurler avec les loups ; mais comment se fait-il que ces amis du progrès n'aient pas l'idée de faire de pareils dons sans invoquer une question de parti ; le marquis ne dit pas une seule fois : « Surtout qu'il n'y ait pas un républicain ou un libre penseur dans les lits de mes hôpitaux. »

Et pourtant, il avait vu les hontes de nos révolutions. C'est que les gens de cœur n'ont jamais demandé à un malheureux la couleur de sa cocarde avant de le secourir.

J'arrête là mes emprunts aux legs du marquis d'Aligre. Avant de terminer, je ne puis cependant m'empêcher de citer deux pièces que je trouve assez intéressantes, bien que la première porte en marge cette mention : « Lettre insignifiante à Lefèvre. »

« ... Je crains en définitif une mauvaise tournure.
« Mon être devient mourant.
« Mes forces se perdent.
« Incertain du jour où l'appareil se lèvera et comment il tournera.
« Craignant d'ailleurs quelque abus de confiance, comme je vous en ai prévenu hier, je vous remets la feuille ci-jointe.
« Mes réflexions morales si tristes m'accablent.

« Je soupire après une fin...

« Elle est plus heureuse...

« Quelle affreuse catastrophe!

« Quel abîme de maux !

« Que mon écriture ne vous effraye pas, je n'ai plus ma main.

« Adieu, D... »

N'est-ce pas une chose curieuse que cette pièce qui trahit toutes les angoisses de celui qui sent que la vie va l'abandonner, et qui voit échapper de ses mains tant de richesses accumulées.

Voici la seconde pièce, que je trouve souvent reproduite en tête des testaments du marquis :

« Je veux qu'on ne se livre à aucune recherche de papiers que huit jours après mon enterrement.

« Je défends qu'on ouvre mon corps; je ne veux être ni ouvert, ni embaumé.

« Avant de m'ensevelir, il sera fait une opération convenable, pour s'assurer de mon décès, et opérer ma mort, si elle n'était pas certaine.

« Sans me déshabiller, on me roulera, pour linceul, dans un des draps étant à mon lit, si cela est possible.

« Aussitôt après ma mort, deux prêtres et non un seul seront placés près de mon corps pour faire les prières et seront renouvelés.

« Pour atteindre plus tôt mon dernier gîte, à la pointe du jour, mon corps sera emporté directement, non présenté à l'église, placé dans un corbillard, sans aucune pompe, franges, armes, ni décorations intérieure ni extérieure, comme le serait un pauvre.

« Cinq cents messes seront dites à l'église, les prières usitées au cimetière ; ma fille fera dire, à Paris, mille messes basses.

« Mon corps sera conduit au cimetière le plus voisin, et si c'est à Paris, à celui dit Ouest, Père-Lachaise, où j'ai été inoculé.

« Aucune invitation ne sera adressée.

« Je recommande mon âme à Dieu, et ayant toujours vécu en honnête homme, j'espère en sa miséricorde, ayant toujours cherché à faire le bien.

« *Vita hominum septuaginta.* »

Impossible de comprendre pourquoi le marquis demande deux prêtres et non pas un, ni ce que signifie : *Non présenté à l'église ;* il est certain que les sentiments chrétiens du testateur le mettent à l'abri de toute pensée d'inhumation civile, mais la phrase est singulière.

Quoi qu'il en soit de ces étrangetés, le marquis d'Aligre a pu avoir des travers, comme tous les hommes, travers que la malice de ses contemporains, qu'un peu de jalousie excitée par la richesse, avaient bien grossis j'en suis sûr, mais on ne peut pas nier en lisant ces nombreuses œuvres de charité et la forme même de ces dernières recommandations qu'il ait été un homme de bien.

SON EXCELLENCE KHALIL-BEY

J'ai dit bien des fois dans ces notes qu'une phrase, un mot suffisaient pour me rappeler une anecdote ou une historiette ; c'est ce qui est arrivé lorsqu'il y a quelques semaines j'ai appris qu'Offenbach allait partir pour l'Amérique ; une foule de faits que je croyais avoir oubliés sont redevenus présents à mon esprit et j'en ai fait un nouveau chapitre de mes Mémoires.

Aujourd'hui, la révolution qui vient de s'accomplir à Constantinople remet en lumière un homme d'État avec qui j'ai eu de charmants rapports personnels, Khalil-Chériff-Pacha, plus connu des Parisiens sous le nom de Khalil-Bey. Bien vite je me dépêche d'écrire tout ce que je me rappelle de lui et voilà un appoint de plus pour mon sixième volume.

Dès que Khalil-Bey fut arrivé à Paris (il y a bien de cela dix ans) sa réputation d'homme du monde et d'homme d'esprit ne fut pas longue à s'établir. On était tout étonné de trouver dans la bouche d'un Turc, toutes les fines appréciations qui ne sont de mode que dans les cercles de notre capitale. Ce fut à qui lui serait présenté. Khalil-Bey était le grand seigneur par excellence, accueillant les artistes, les recherchant même, ainsi que tous les gens d'esprit ou ceux qui font profession de l'être. Joignez à cela qu'il était joueur et joueur exceptionnel, arrivant avec des millions très-convoités, et vous vous ferez idée de la sympathie dont il fut immédiatement entouré.

Ses repas étaient le rendez-vous de la haute société des cercles, de tous ceux qui tenaient une place dans la vie parisienne. A ce dernier titre je reçus un jour une invitation pour aller dîner chez lui.

Je suis, comme je l'ai dit souvent, l'ennemi des déjeuners et des dîners d'apparat ; on a toujours l'air de se jeter à la tête des grands seigneurs et il me semble convenable de rester dans ma modeste position.

J'ai perdu ainsi dans ma vie un nombre considérable de charmantes occasions, je le sais ; mais, je le répète, mes occupations, dont il est facile de se rendre compte, ne me laissaient pas un moment de liberté ; c'était là mon excuse.

Que ceux donc qui me tiennent pour un grand viveur effacent cette note de leurs tablettes, personne plus que moi n'aime ses affaires et son intérieur.

Je me fis donc excuser et je ne dînai pas chez
S. Exc. Khalil.

⁎

Quelques années plus tard, je le rencontrai dans le
monde, à Nice. La vogue qui l'avait accueilli à Paris l'avait suivi là-bas; c'était à qui lui serait présenté. Il
était véritablement charmant, chacun courait au-devant
de lui, mais je ne voulais pas faire comme tout le
monde, quelque désir que j'eusse de connaître un
homme aussi sympathique.

Je me rappelai comment j'avais agi autrefois avec une
femme fort élégante, madame la marquise de Lacarte,
fille du sculpteur Bosio, entourée de l'admiration et des
hommages de la foule. Par originalité ou pour me
mieux faire remarquer, je me gardai bien de me mêler
à tous ses admirateurs; je ne l'évitais pas, mais j'avais l'air de ne pas m'apercevoir de sa présence...

Un jour, étonnée de me voir, moi un jeune homme,
si indifférent auprès d'elle, elle résolut de me soumettre quand même; je suivais son jeu du coin de
l'œil. Assise près de moi et à demi étendue dans un
fauteuil, elle laissait poindre sous sa robe un petit
bout de pied, adorable, il faut bien le dire. Je n'eus
garde d'avoir l'air de le voir. Impatientée, la dame fit
sortir le pied presque entier.

Alors me tournant vers elle, et d'un ton absolument indifférent, je lui dis :

— Mon Dieu, madame, ne croyez pas que je ne me rende pas compte des choses ; je sais parfaitement que vous avez un pied impossible, que votre main est digne de votre pied, je sais que si vos yeux vert de mer sont grands et voilés, votre oreille, votre bouche, sont fort petites, mais si je vous le disais, vous seriez trop contente ; donc il est bien entendu que je n'ai vu et que je ne veux absolument rien voir !

Je me rappelai cet acte de diplomatie et je le renouvelai à peu près pour Khalil-Bey qui tout naturellement devait être fort étonné de comparer mon indifférence à l'empressement des autres, et n'en était que plus aimable avec moi.

Un soir, je me trouvai, en même temps que lui, au cercle Masséna. Il avait perdu un million et demi à Paris en faisant son *rubicon* à quatre-vingts francs le point avec le baron de P...

Quelqu'un dit à Khalil-Bey : — Savez-vous que vous avez ici M. de Villemessant, un vrai rubiconnier ?

Khalil-Bey vint à moi. Il ressemblait étonnamment à ce pauvre Adam, le compositeur, un de mes meilleurs amis. Qui a vu l'un a vu l'autre. Il est de petite taille, porte toute sa barbe, assez courte et fort noire ; il a des lunettes, comme l'auteur du *Chalet*, l'œil fort spirituel ; enfin il a exactement le même aspect que lui.

— Monsieur de Villemessant, me dit-il, voulez-vous faire un rubicon avec moi ?

— Pardon, Excellence, lui dis-je, je suis un journaliste de la petite presse et je ne puis pas jouer, comme le baron de P..., le rubicon à quatre-vingts francs le point.

— Mais, votre jeu sera le mien, me répondit-il du ton le plus affable.

A peine avions-nous échangé ces quelques mots qu'un comte polonais, M. de M..., bien connu à Nice, me dit : — Faites ce que vous voudrez, je m'associe à vous à vingt francs le point.

— Soit, lui dis-je, je ferai deux francs et vous dix-huit.

Et la grande lutte commença..... Minuit venait de sonner à la grande horloge de la cité ! comme dirait mon ami Montépin.

A un moment, les cinq coups étaient joués, j'étais premier, et Khalil-Bey avait quatre-vingt-dix-huit points. Je lui dis qu'à moins d'être capot il était bien sûr de ne pas être rubiconné, tandis que moi je jouais pour une soixantaine de points.

Les cartes données et mon écart fait, je me trouvais avoir une quinte majeure et un quatorze d'as. J'annonçai alors : quinze et cinq font vingt et quatorze quatre-vingt-quatorze.

— Pardon, pardon, me dit-il, d'un petit air narquois, j'ai une seizième à la dame.

Le coup était dur. Mais je m'aperçus aussitôt qu'il avait écarté une carte de moins.

— Pardon ! pardon ! lui dis-je à mon tour, en constatant qu'il avait écarté deux cartes au lieu de trois ; vous comptez à la muette, ce qui fait que tout mon jeu est bon.

— Non pas ! me répondit-il, je ne compte pas ma seizième, c'est vrai, puisque j'ai écarté une carte de moins, mais vous ne comptez pas votre quinte puisqu'elle est inférieure !

J'affirmai qu'il n'en était pas ainsi. On consulta la galerie et, comme il arrive toujours pour tout coup contesté, quelque clair qu'il soit, il se trouva tout naturellement une personne pour donner raison à celui qui avait tort.

Ici une simple remarque. Ceux qui fréquentent les cercles ont dû constater qu'il existe dans chacun d'eux un individu à l'esprit faux qui, toutes les fois qu'on annonce une vérité absolue, s'empresse de chercher à prouver qu'elle n'existe pas. Je défie qu'on dise qu'il fait jour devant ceux-là sans qu'ils s'empressent d'entamer un plaidoyer pour prouver le contraire. Cela est si vrai que celui qui fait partie d'un cercle quel qu'il soit, qui me lit en ce moment, se dit forcément en lui-même :

— Tiens c'est vrai ! nous avons X..... qui est comme cela.

Donc il se trouva un de ces esprits-là pour me donner tort. Je ne lui répondis pas, et continuant à m'adresser à mon adversaire :

— Laissez-moi, lui dis-je, vous expliquer *la pensée du législateur* : la carte que vous avez écartée en moins est peut-être celle qui vous a aidé à faire votre seizième !

— Je vous parie, me dit Khalil-Bey, quatre mille francs que vous vous trompez !

— Quatre mille francs ! répondis-je, mais, comment voulez-vous qu'un journaliste du petit format puisse se permettre de semblables paris ! Réduisons cela à vingt francs que je vous gagnerai, et qui seront pour le garçon du cercle.

— Je parie quatre mille francs ! ajouta-t-il avec conviction ; renseignez-vous, écrivez, la gageure est sérieuse.

— Ne répétez pas cela, Excellence ! Je vais vous dire pourquoi : En ne pariant que vingt francs, vous pourriez croire que je ne suis pas sûr de ce que j'avance. Si vous tenez tant que cela à m'offrir quatre mille francs, je dois vous prévenir encore que vous n'avez pas une seule chance pour vous.

Voyant qu'il était très-décidé à ne pas céder, je lui dis :

— Soit! j'ai envie d'un kiosque mauresque sur la *promenade des Anglais*, là devant la mer; si vous perdez, j'aurai l'honneur de vous le dédier.

Sur notre demande, le gérant du cercle prit note du coup contesté, et écrivit à trois grands cercles de Paris.

Le lendemain, je me trouvais encore au cercle Masséna; Khalil-Bey revenait de Monaco; nous jouions ce soir-là le chemin de fer.

— Eh bien! monsieur de Villemessant, me dit-il, que faisons-nous de notre pari?

— Nous l'annulons, Excellence, si cela vous est agréable.

— Impossible, me répondit-il, je sais que j'ai perdu!

Et, un instant après, comme il venait de gagner un assez gros coup au baccarat, il dit au chef de partie :

— Veuillez passer quatre mille francs à M. de Villemessant.

Il était impossible de refuser; je ne pouvais pas avoir l'air de faire un cadeau à Khalil-Bey, mais dès que j'eus quitté le cercle, j'adressai un télégramme à Paris, demandant qu'on m'envoyât immédiatement quatre actions du *Figaro*.

Aussitôt que je les ai eu reçues, j'allai trouver Khalil-Bey.

— Vous êtes joueur, lui dis-je, moi aussi ; vous avez pu en juger. Si j'osais vous donner un conseil, je vous dirais : Gardez ces quatre morceaux de papier ; la vie est pleine de vicissitudes ; je ne crois pourtant pas que vous en ayez jamais besoin, mais conservez-les en souvenir de moi et pour que je puisse avoir l'honneur de vous compter au nombre de mes actionnaires.

Khalil-Bey accepta avec beaucoup de grâce.

Depuis cette époque, ces actions ont été dédoublées et redédoublées ; elles en représentent seize aujourd'hui, qui rapportent 1,600 francs par an et qui sont régulièrement touchées. Par qui? je n'en sais rien.

Mon kiosque a été construit ; tous ceux qui fréquentent la *promenade des Anglais* le connaissent; il m'a coûté, je dois l'avouer, beaucoup plus que les 4,000 fr. que j'ai gagnés à mon pari. J'ai vendu cette propriété cette année, mais comme ce kiosque me plaisait je l'ai fait exactement copier dans ma petite villa d'Enghien ; c'est dans le lac qu'il se mire au lieu de se refléter dans la Méditerranée.

Si jamais Khalil-Bey venait à Enghien, je me ferais un vrai plaisir de lui en faire les honneurs en lui demandant courtoisement s'il est bien convaincu maintenant qu'il est très-dangereux d'écarter une carte de moins au piquet.

Je n'ai pas tout dit sur cette partie et je dédie cet

épilogue aux rubiconniers : j'avais le quatorze d'as, Khalil-Bey fut capot, ne fit pas ses deux points et par conséquent fut rubiconné. Les vrais joueurs comprendront que j'aime à savourer cette petite victoire.

⁎⁎⁎

Quelques jours après cette aventure, j'étais au cercle, Khalil revenait du bal de la préfecture, chamarré de toutes ses croix, de ses plaques, de tous ses rubans, cordons, etc.

— Jouez-vous ce soir ? lui demandai-je.

— Non, répondit-il, je suis fatigué. Je vais me coucher.

— Eh bien ! lui dis-je en riant, je parie quinze louis que vous n'irez pas vous coucher et que vous jouerez ce soir ?

— Oh ! vous ne me connaissez pas ! Quand j'ai pris une résolution !...

— Remarquez que je vous préviens et que le pari est sérieux.

Khalil se mêla aux groupes avec un sourire plein de sécurité, qui voulait dire : Si vous croyez qu'on me prend comme cela !

Dès qu'il fut éloigné, je n'eus qu'une idée, celle de ne pas le laisser partir.

Je le rencontrai au bout d'un instant :

— Y avait-il beaucoup de monde à la préfecture?

— Énormément, me répondit-il.

— Y avait-il de jolies femmes? (Je savais que je le prenais par son côté faible.)

— Oh oui! madame B..., madame R..., madame Z..

— Et étaient-elles bien mises?

— Des toilettes ravissantes!

Et il se mit à me les détailler.

Pendant qu'il s'étendait dans ses récits, une voix dit:

— Qui est-ce qui fait quatre-vingts louis?

Khalil-Bey, qui causait avec moi, répondit sans même se retourner: — Banquo! — et il gagna le coup.

— Et mes quinze louis? lui dis-je avec un rire de Méphistophélès. Immédiatement il s'acquitta en me disant avec l'accent affable qu'on lui connaît:

— Décidément je ne suis pas heureux en paris avec vous!

— Il est de fait, lui répondis-je, que je pourrais gagner agréablement ma pauvre vie en pariant avec vous, plutôt que de fabriquer *le Figaro* qui me met à la tête d'une remarquable collection d'ennemis, ce qui m'amuse infiniment moins que de rubiconner avec Votre Excellence.

Au mois de septembre 1872, Offenbach, qui ne craint pas de se mettre en voyage, nous avait conviés, moi et plusieurs de mes rédacteurs, ses amis, à assister à la première représentation à Vienne, de son opérette *le Corsaire Noir*. La proposition fut acceptée, et l'embarquement et le voyage se firent dans les conditions les plus agréables. Nous avions emporté avec nous une bonne provision de gaieté de Paris, et nous en usâmes largement pendant tout le voyage.

Arrivés à destination, nous descendîmes au Grand-Hôtel. J'appris là que Khalil-Bey était en ce moment à Vienne, en qualité d'ambassadeur de Turquie. Aussitôt, Offenbach, Saint-Albin et moi nous nous rendîmes à son hôtel.

Il était magnifiquement installé ; son antichambre, encombrée de domestiques en grande livrée brodée, qui les faisait ressembler à des lingots d'or, conduisait à un salon, puis au cabinet de Khalil-Bey. (Je continue à l'appeler Khalil-Bey, bien qu'à ce moment il fût Khalil-Chériff-Pacha.)

On retrouvait là tout le bon goût d'un Parisien de race. De beaux tableaux, des marbres des premiers artistes français, un portrait de famille peint par madame O'Connel, ornaient cette pièce tendue de damas de soie cerise, blanc et or. Il me semble voir encore, entre autres meubles curieux, son fauteuil tout composé d'énormes cornes de buffle entre-croisées.

La visite fut des plus gaies, Khalil-Bey nous reçut

comme des gens qui lui apportaient de l'air de Paris, et nous nous séparâmes en acceptant l'invitation qu'il nous fit de venir dîner avec lui le soir même.

Rentré à l'hôtel, je trouvai mon collaborateur Philippe Gille, qui venait de faire un tour dans la ville. Je lui racontai notre visite en lui disant :

— Quel dommage que vous ne veniez pas dîner avec nous !

— C'est vrai, me répondit-il, mais je n'ai pas l'honneur de connaître Khalil-Bey.

— Et si vous étiez présenté et invité ?

— Ce serait autre chose !

Aussitôt je pris une plume et j'écrivis à Khalil-Bey la lettre suivante que je viens de retrouver dans toutes mes paperasses de ce voyage.

« Vienne, le 19 septembre 1872.

« Excellence,

« Je suis venu de Paris avec un de mes plus spirituels rédacteurs, M. Philippe Gille.

« Voulez-vous bien me permettre de donner un petit croc-en-jambe aux usages reçus et de vous demander de vouloir bien lui adresser une invitation pour dîner ce soir avec vous.

« Je lui affirme souvent que vous êtes plus Parisien que les Parisiens eux-mêmes ; j'ai, en ma qualité de journaliste, exagéré si souvent les faits, que je voudrais bien lui montrer que cette fois, par hasard, son rédacteur en chef a dit l'exacte vérité.

« Agréez, l'assurance de mes respectueux sentiments.

« H. DE VILLEMESSANT. »

A cette lettre j'ajoutai le *post-scriptum* suivant, que je savais bien devoir être compris par lui :

« *P.-S.* — Recette pour obtenir un véritable Parisien d'esprit :

« Faire venir d'Orient une Excellence premier choix, la mijoter avec soin à Paris, pendant deux ans — l'étendre sur le gril du baccarat à banque ouverte — agrémenter d'un soupçon d'écarté et arroser d'une bonne dose de rubicon, marque du baron de P... — saupoudrer de bézigue chinois et de Fridolinades pimentées.

« Cette première opération terminée et le jus bien exprimé, expédier avec soin l'Excellence en Orient et l'étendre exposée au soleil d'or des affaires turques.

« Ramener en Allemagne, faire encore dégorger à Bade et échauder légèrement à Vienne.

« Après cette préparation, l'Excellence est juste à point pour avoir le plaisir de réunir à sa table MM. de Villemessant, Jacques Offenbach, Philippe Gille et de Saint-Albin. »

J'envoyai à l'ambassade, et, une demi-heure après, mon collaborateur recevait la petite lettre suivante écrite de la main même de Khalil :

« Khalil-Chériff-Pacha prie M. Philippe Gille de lui faire l'honneur de venir dîner chez lui avec ses amis, ce soir à sept heures, etc. »

***

Je me faisais une fête de montrer que je n'avais en rien surfait les qualités de notre amphitryon. Nous arrivons à l'heure dite, et Khalil-Bey eut bien vite justifié sa réputation de grand seigneur homme d'esprit.

Nous étions une douzaine de personnes à sa table, servie avec tout le luxe imaginable. La carte des mets portait en tête une étoile d'or apparaissant au-dessus d'un croissant d'or.

Le menu était des meilleurs, et je me rappelle encore avec un certain plaisir un plat de chapons à la Yambalaya, dont le souvenir doit être aujourd'hui bien effacé de la mémoire de Khalil-Bey.

Le dîner terminé, nous passâmes dans le fumoir pour prendre le café.

Là, j'eus le plaisir de voir mes deux rédacteurs et Offenbach s'asseoir à la turque pour recevoir d'énormes chiboucks. Malgré eux, ils avaient pris pour cette opération des aspects graves et sérieux qui ne sont pas absolument le fond de leur caractère. J'eusse donné bien cher pour les montrer ainsi à tous leurs confrères !

Les pipes étaient admirablement montées, étincelantes de bagues, de diamants et de pierreries.

Je fis remarquer en riant à Khalil-Bey qu'il était dangereux d'exposer des gens de lettres à de pareilles tentations, et nous terminâmes la première moitié de la soirée à plaisanter et à rire.

Je pensais bien que nous n'en resterions pas là.

Dès qu'on eut fumé, on passa dans un grand salon où plusieurs tables de jeu étaient dressées. Aussitôt je me trouvai assis à l'une d'elles, ayant devant moi pour adversaire Khalil-Bey.

Le rubicon commença. Assez heureux d'abord, je finis par me faire battre. Nous jouions le point à un prix modéré.

Quand je me fus levé, Offenbach me remplaça et joua à un prix plus que respectable. Nous jouâmes longtemps. On gagna, on perdit, il y eut de terribles assauts, des rubicons, force 90, pas mal de 60, quantité considérable de capots !

Jamais ! comme dirait encore Montépin, on ne saura ce qui s'est passé dans cette terrible soirée.

Minuit avait tinté depuis fort longtemps quand nous quittâmes l'hôtel.

Le matin, le bleu Danube ne roulait aucun cadavre dans ses flots!

Pour parler en langue vulgaire, je dirai que nous nous retirâmes fort tard, enchantés de notre soirée et surtout de celui qui nous avait si bien reçus.

**

Le lendemain, Khalil-Bey eut l'amabilité de venir nous rendre notre visite au Grand-Hôtel, et voulut bien accepter à dîner; le soir même nous lui donnions sa revanche.

Le récit de cette dernière partie est dans mes *Mémoires secrets* et ce n'est que dans trente ans que le public en connaîtra tout le mystère! Qu'il suffise de savoir que le Danube bleu continua, comme plus haut, à ne pas rouler de cadavres dans ses flots!

La représentation du *Corsaire Noir* eut lieu et Khalil-Bey y assista comme nous.

J'étais sur le point de partir pour le théâtre lorsque Albert Wolf, qui n'était pas de notre voyage, mais qui était venu me voir à Vienne après une petite tournée en Allemagne, me fit remarquer que je n'avais pas à la boutonnière la décoration du Medjidié que j'avais reçue depuis quelques années.

— Mais, lui dis-je, je n'ai pas apporté de rosette dans mes bagages et j'ai eu le regret de n'en point avoir en allant dîner hier à l'ambassade.

— Qu'à cela ne tienne, je vous en trouverai une !

On sait que Wolff est un *débrouillard*; il en eût trouvé dans une forêt vierge ou dans une île déserte.

Et effectivement, quand le soir je rencontrai Khalil-Bey, au *Théâtre an der Wienn*, il me vit décoré de l'ordre de son pays. En passant devant les glaces des loges, je me prenais pour un jeune général, ou tout au moins pour un vieux colonel !

Il fallait bien revenir à Paris. Nous allâmes prendre congé de Son Excellence et je me rappelle qu'au moment où nous partions pour le chemin de fer, le hasard nous le fit rencontrer se promenant sur un des boulevards de Vienne, le *Ring*, je crois. Nous agitâmes nos chapeaux, et bientôt nous roulions vers la France.

Quelques jours après notre arrivée, nous apprîmes que le ministre des affaires étrangères de Turquie était mort subitement en voyage ; on avait trouvé son corps inanimé dans un wagon. En même temps on nous fit savoir de l'ambassade que Khalil-Bey avait été rappelé de Vienne pour le remplacer.

C'était là une marque de grande faveur pour lui, j'en fus enchanté et je voulus l'en féliciter.

J'étais alors à Enghien, et Gille arriva juste au momoment où j'allais écrire.

— Je voudrais bien, moi aussi, me dit-il, écrire un mot pour dire à celui qui m'a si bien reçu à Vienne, combien je suis heureux de voir que la fortune lui sourit.

— Soit, lui répondis-je, et je commençai à écrire.

— Mais, fit-il, je ne trouve pas de plume sur votre bureau.

— Une seule suffira, ajoutai-je, nous ne ferons qu'une seule lettre. Nous allons lui écrire tous les deux et chacun à notre tour sur la même feuille de papier ; j'écrirai trois lignes, vous trois, et ainsi de suite ; nous nous repasserons la plume à tour de rôle, jusqu'à ce que la lettre soit finie.

Gille accepta la combinaison, et nous écrivîmes ce qu'on va lire ; j'ajouterai, pour expliquer une phrase de notre lettre, que nous lui demandions pour un de nos amis, qui l'avait du reste fort bien méritée, la croix du Medjidié ; il avait déjà été question à Vienne de cette décoration avec Khalil-Bey.

Je recopie mot pour mot ces deux pages en évrivant en italique et en mettant la lettre V, toutes les fois que c'est moi qui parle et en inscrivant la lettre G toutes les fois que c'est Gille qui prend la parole.

Enghien, 27 septembre 1872.

Excellence,

V. *Je viens d'apprendre que vous êtes appelé au ministère des affaires étrangères de la Turquie.*

G. Les journaux de France m'annoncent à l'instant que vous venez de recevoir le portefeuille de ministre des affaires étrangères.

V. *Je vous en félicite de grand cœur tout en regrettant que ces nouvelles et hautes fonctions vous éloignent davantage de Paris.*

G. Permettez-moi, bien que j'aie espéré avoir l'honneur et le plaisir de vous revoir ici en qualité d'ambassadeur, de vous adresser mes humbles félicitations.

V. *Je me rappellerai toujours la gracieuse réception que vous m'avez faite à Vienne et le royal quatre-vingt-dix et capot que vous m'avez administré comme coup de la fin.*

G. Je n'oublierai jamais avec quelle courtoisie Votre Excellence m'a reçu.

V. *Il me semble encore voir mon spirituel* COLLABO *et*

ami Gille fumant le gigantesque chibouck que vous aviez eu L'IMPRUDENCE de lui confier !

G.   Je me crois encore aux prises avec le délicieux tabac d'Orient que vous m'avez fait fumer.

V.   Votre Excellence se rappelle-t-elle avec quels yeux Gille regardait les bagues ornées de diamants qui en garnissaient le tuyau ?

G.   Jamais je n'avais essayé d'aussi longues pipes ; mais je déclare, sur ce que les nécessités de la vie ont bien voulu me laisser d'honneur, que rien n'était plus désintéressé que mon admiration.

V.   Je vous souhaite tous les bonheurs que vous pouvez rêver.

G.   Et moi je souhaite que les exigences de la politique vos amènent souvent à Paris.

V.   Où nous pourrons continuer notre RUBICON. J'aurai le soin de venir avec le maëstro qui est plus heureux que celui qui vous prie en son nom et en celui de son collaborateur, d'agréer l'assurance de ses sentiments affectueux et respectueux,

H. DE VILLEMESSANT.

G. Ce qui nous mettra à même d'aller vous remercier de la décoration que M. de Villemessant et votre tout dévoué ont osé demander pour leur ami D...

P. GILLE.

Ce petit travail d'écoliers en gaieté terminé, notre lettre fut mise à la poste et quelques jours après S. Exc. Khalil-Bey nous répondait elle-même par la lettre suivante :

« Vienne, le 1er octobre.

« Mon cher monsieur de Villemessant,

« Je vous remercie, ainsi que M. Gille, de vos aimables félicitations et de votre spirituelle lettre collective.

« Je pars après-demain pour Constantinople, ce qui me surcharge d'occupations. Ceci m'excusera j'espère à vos yeux, de ne pas vous écrire plus longuement.

« Votre tout dévoué :

« KHALIL. »

Ainsi que nous l'avions espéré, et comme Son Excellence l'avait promis, notre ami eut l'honneur de recevoir la croix du Medjidié.

⁎⁎⁎

Le mariage de Khalil-Bey avec la fille de Mustapha-

Pacha a trop défrayé les journaux pour que j'aie à en rien dire ici. Dès que je l'eus appris par Gille, nous lui écrivîmes la lettre suivante. Cette fois je pris tout seul la plume ; il ne faut pas, disait Scribe, faire deux fois la même plaisanterie. Si elle a réussi une première fois, elle court risque de moins porter une seconde fois ; si elle a manqué son *effet*, pourquoi la recommencer ?

Voici ma lettre :

« Chère Excellence,

« Nous devons, avant tout, vous dire que si vous n'avez pas depuis longtemps reçu de nous une lettre, c'est que nous avions formé le projet, qui vous paraîtra bien insensé, d'aller vous remercier nous-mêmes à Constantinople. Comme c'est là un de ces voyages qu'il est permis aux journalistes de rêver, mais que peuvent réaliser seulement les grands seigneurs, nous sommes restés à Paris...

« Permettez-nous, encouragés par votre courtoisie, de vous adresser une demande :

« Votre Excellence vient de se marier : rien de plus facile à Elle que de continuer sa race, aussi n'est-ce pas sur ce point que nous voulons insister ; nous vous supplions de faire en sorte que vos nombreux descendants soient tous aussi charmants, à la fois Turcs et Français accomplis, que vous l'êtes vous-même.

« Nous savons que ce n'est pas chose facile, mais

nous savons aussi que vous êtes trop aimable pour nous refuser un pareil service.

« Nous nous arrêtons dans la crainte d'être indiscrets, en priant Votre Excellence d'agréer l'expression de nos sentiments les plus respectueux et les plus dévoués.

« H. DE VILLEMESSANT. — PH. GILLE. »

***

Bien des événements se sont passés depuis cette époque; le plus considérable est la révolution qui vient de s'accomplir à Constantinople. La question est grave et intéresse tout le monde; aussi, jugeant de l'intérêt que présentera un récit exact des faits qui peuvent surgir, *le Figaro* a-t-il dû envoyer en Turquie un de ses rédacteurs, chargé de lui adresser une correspondance spéciale.

Ce rédacteur est M. Ivan de Wœstyne, que nous avons naturellement recommandé à Khalil-Bey.

A la fin de la lettre, aussi sérieuse que possible, qu'il doit remettre de ma part à Son Excellence, j'ai écrit, et mes lecteurs qui connaissent la première partie de ces notes sur Khalil-Bey, comprendront ma plaisanterie.

« Vous êtes actionnaire du *Figaro*; Votre Excellence

se souvient que je l'ai fortement engagée à ne jamais aliéner cette propriété. Mais aux grands maux les grands remèdes; aussi, si ces actions pouvaient sauver les finances turques, n'hésitez pas un seul instant. C'est un grand sacrifice, c'est incontestable, mais la patrie avant tout ! »

Puis, parlant sérieusement, j'ajoute :

« Je suis sûr, d'ailleurs, que vous n'en aurez pas besoin, car tout le monde ici est persuadé que nul ne travaillera plus efficacement que vous à la régénération de votre pays.

« Veuillez agréer, Excellence, etc. »

Notre collaborateur est parti, escorté de bon nombre de recommandations; entre autres, celle de M. Clément Laurier (un enfant prodigue, celui-là, qui a bien fait de changer de troupeau politique). Je me permets de donner la primeur de sa lettre aux lecteurs de ces Mémoires.

« Paris, 1ᵉʳ juin 1876.

« Chère Excellence,

« Je profite du départ d'un de mes amis pour vous féliciter de la besogne que vous venez de faire à Constantinople. Je vous rappellerai seulement le mot de Catherine de Médicis à Henri III : — *Bien coupé, mon fils, maintenant il faut coudre*. — C'est là que l'opinion publique vous attend en France et ailleurs. Nous allons voir comment vous coudrez.

« Pour moi, je désire ardemment que votre pauvre peuple se relève et que vous preniez une grande part à sa résurrection. Comme Français, comme ami, vous pouvez compter sur toutes mes sympathies et sur le peu que je puis.

« Cela dit, je vous présente un de mes bons amis, M. Ivan de Wœstyne, homme d'infiniment d'esprit et de beaucoup de courage. C'est un ancien Belge qui s'est fait naturaliser Français afin de se battre pour nous en 1870. Il s'est en effet admirablement battu. Je vous serai infiniment obligé de lui être aussi utile et aussi agréable que faire se pourra.

« J'envoie à Votre Excellence l'expression de mes meilleurs souhaits et de mes plus affectueux sentiments.

« C. Laurier. »

⁎⁎*

Je donne aujourd'hui ces notes et ces lettres que j'avais gardées depuis quatre ans, sans penser qu'elles pourraient jamais me servir, parce que je sais que le public aime assez être renseigné, même sur les petites choses, et que je crois intéressant pour tout le monde de savoir quels sont les hommes entre les mains desquels se trouve maintenant la Turquie.

Je me suis attaché à ne dire que ce que je savais personnellement de Khalil-Bey ; on a pu constater et son esprit et son affabilité ; c'est un homme qui résume la civilisation moderne dans ce qu'elle a de plus complet. De ses qualités d'homme d'Etat je ne parlerai pas. Mais il suffit de constater que la Turquie l'a appelé au pouvoir dans toutes les grandes occasions, et dans de pareilles circonstances un pays ne s'adresse qu'à ceux de qui il doit attendre de hautes lumières et un grand dévouement.

A ce titre, le nom de Khalil-Bey ne pouvait manquer de venir sur les lèvres de tout le monde.

Dans la dernière partie de ces notes improvisées à bâtons rompus, j'ai parlé de quelques-uns des anciens rédacteurs du *Figaro* et j'ai raconté divers incidents de la vie intérieure du journal. Si peu complète que doive être cette ébauche de l'histoire du *Figaro*, je ne puis passer sous silence une innovation qui fit sensation dans son temps ; je veux parler de ces dîners qui furent donnés par mon journal et auxquels tous ceux qui portaient un nom d'homme de talent ou d'esprit avaient le droit de prendre part.

Heureux temps pour moi que celui-là ; *le Figaro* étant alors purement littéraire ne comptait que quelques rares ennemis ; c'étaient des écrivains qui trouvaient qu'on n'avait pas dit assez de bien, ou qu'on avait écrit trop de mal de leurs pièces ou de leurs livres, des peintres qui nous accusaient d'avoir mauvais goût, etc. ; mais comme en résumé ces piqûres étaient légères, on arrivait facilement à les guérir, et il n'était pas rare, quand on se rencontrait avec les blessés, de se tendre la main comme si de rien n'était.

Chose étrange, c'était Jouvin, le plus affable et le plus doux des hommes (j'en appelle à ceux qui le connaissent), qui faisait avec sa plume les blessures les plus profondes. Vivant très-retiré du monde, au fond de sa bibliothèque, entouré de ses livres, Jouvin n'a qu'un très-petit nombre de relations, il reçoit peu et ne va voir personne ; aussi, quand sa plume était lancée, allait-elle toujours droit son chemin, sans faire le moindre détour dans la crainte de froisser Pierre ou Paul ; il ne les connaissait pas et disait franchement, cruellement parfois, toute sa pensée.

Au contraire de lui, moi et mes rédacteurs qui, aux premières réprésentations, dans les cafés, au restaurant, partout enfin, nous trouvions en relations plus ou moins intimes avec les écrivains et les artistes, nous étions plutôt portés à adoucir un insuccès qu'à le constater crûment. Est-ce à dire pour cela que nous ayons, nous, toujours été des agneaux ? Non, et nous aurions eu bien tort, car les autres n'étaient guère tendres pour nous.

En principe, il faut bien l'avouer, les gens de lettres, les artistes ne s'aiment pas ; j'ajouterai pour les excuser que je ne crois pas qu'on se chérisse non plus dans les autres métiers. Je n'ai jamais entendu parler de l'adoration que les médecins avaient pour les médecins, les avocats, les notaires, les avoués pour leurs confrères, ni même les chocolatiers pour les autres chocolatiers.

Malgré cette bonne raison, je trouvais qu'il était pitoyable de voir que des gens d'esprit ne se parlassent plus entre eux pour de légères égratignures faites à leur amour-propre, pour un mot le plus souvent lancé sans réflexion. C'est alors que je conçus l'idée de donner un grand dîner, dans l'espoir qu'une fois réunis autour de la même table, les inimitiés tomberaient d'elles-mêmes et que l'arriéré des comptes de rancunes se solderait en bonnes poignées de main.

Mieux qu'un autre à cette époque je pouvais entreprendre une aussi grosse besogne avec espoir de succès. On me connaissait pour savoir panser toutes les plaies, avec un mot, un article inséré à propos, et on me savait gré du métier d'infirmier que je remplissais de moi-même sans qu'on eût rien à me demander. Aussi mes ennemis n'en étaient-ils pas. Les bons, vrais ennemis (je le dis pour ceux qui en désireraient), on ne peut se les procurer qu'en parlant politique. Un poëte oubliera que vous avez mal parlé de ses vers, un peintre, de sa peinture, un compositeur, de sa musique, un mari vous pardonnera (il y a des exemples), de l'avoir fait... ridicule, il ne vous pardonnera pas d'avoir une autre opinion politique que la sienne. L'imbécile exalté par la politique vous absoudra de tous les vices et de tous les crimes, si vous partagez sa marotte.

Il n'y a que la politique qui puisse séparer sérieusement les gens. Je me rappelle le temps où nous étions absolument liés, Gambetta et moi. Qu'on essaie maintenant de nous faire faire des *mamours*! Et pourtant que de bonnes soirées nous avons passées au café Riche à tailler des bavettes; avons-nous assez ri pendant nos voyages, et quand nous faisions route, lui et son spirituel ami Laurier, de Paris à Hombourg! De ces charmantes relations il ne reste plus rien, et si nous nous rencontrions avec Gambetta, nous nous regarderions comme deux chiens de faïence! Voilà ce qu'a fait la politique, rien que la politique. En effet, ce qui prouve que nous n'étions pas si hostiles l'un à l'autre, c'est qu'après le plaidoyer pour l'affaire Baudin, j'écrivis dans *le Figaro* que je venais d'entendre un avocat qui serait certainement un tribun de l'avenir.

Je me rappelle à ce propos que je dis au ministre de l'intérieur d'alors, M. Pinard :

— Vous aviez un si bon moyen de tuer la manifestation Baudin ! Il suffisait que l'Empereur et ses ministres se missent en tête de la souscription. Les citoyens *fripouillards* n'auraient pas voulu se trouver en si mauvaise compagnie.

Les grands politiques appelleront : petits moyens, ces modes de procéder ; je les trouve infiniment plus humains que ceux qui aboutissent invariablement aux charges de cavalerie et aux coups de fusil dans les rues. Aussi n'aurai-je jamais assez d'admiration pour l'esprit et l'humanité du brave Lobau, qui a trouvé que des pompes suffisaient pour dissiper des groupes révolutionnaires. Rafraîchissez avec de l'eau la cervelle de ces imbéciles et vous n'aurez pas besoin plus tard d'y mettre du plomb. Je le répète, l'action du maréchal Lobau est digne de tous éloges, et son nom doit rester comme celui d'un bon Français, d'un héros spirituel.

Bien des fois je me suis demandé comment, si le malheur m'avait fait souverain, j'aurais agi pour m'assurer contre les révolutions. Entre autre moyens, j'ai trouvé celui-ci, que je recommande aux gouvernants. L'idée m'en vint en 1848, alors que le peuple souverain faisait des barricades pour arriver à prendre les Tuileries, dont il savait les caves bien garnies. Car, chose digne de remarque, c'est toujours aux caves qu'on s'en prend aux jours d'héroïsme révolutionnaire. Le Palais-Royal, les Tuileries, Neuilly, en savent quelque chose ; les révolutions en France sont un peu comme *le jeu et les belles* de l'opéra-comique, elles ne vont jamais sans *le vin*.

Donc, je regardais la barricade énorme qu'on avait construite devant le Palais-Royal pour assiéger le poste du Château-d'Eau qui se trouvait en face, au côté droit de la fontaine, et je me disais : Qu'adviendrait-il si, pour protéger ce poste, où les républicains viennent de brûler vifs des gardes municipaux, tous soldats d'élite, mariés, pères de famille pour la plupart, on avait fait une autre barricade, celle-ci triple et couverte de paniers remplis de saucissons, de charcuterie, de pain bien tendre, couronnée, au lieu de pièces d'artillerie, de plusieurs pièces de vin garnies de douzils qu'on n'aurait eu que la peine de retirer pour emplir son verre : que serait-il arrivé ?

Les héros de l'insurrection se seraient-ils dit : « Passons sans seulement tourner la tête devant ces comestibles et allons tuer des gens que nous ne connaissons pas, parce que nous avons été lancés par des hommes que nous ne connaissons pas davantage et qui veulent être ministres ou députés? » Point! les braves révolutionnaires auraient d'abord fait le siége en règle de la charcuterie; on aurait bu, mangé, on aurait ri, chanté, et la canaille, au lieu de se ruer sur des objets d'art pour les mettre en miettes, au lieu de fusiller un pauvre diable, parce qu'il n'avait pris qu'une petite cuillère au sac des Tuileries, fût rentrée fort satisfaite chez elle; les pauvres femmes eussent été moins battues, les enfants moins abandonnés parce qu'on se serait remis au travail le lendemain.

Mais le progrès guettait ces pauvres patriotes sous forme d'ateliers nationaux et les préparait doucement pour l'exil et la fusillade.

Je reviens à ma barricade; c'était je crois la meilleure et la plus solide qu'un gouvernement puisse imaginer; elle eût reçu tous les assauts des patriotes.

Que les frères et amis qui liront cela (et ils nous lisent tous!) ne disent pas que non; je les connais, rien qu'à penser aux comestibles, aux jambonneaux, etc., je suis sûr que l'eau leur vient déjà à la bouche.

Je ne sais pas de principes révolutionnaires, de questions sociales dont les apôtres puissent tenir dix minutes devant un étalage de charcuterie et quelques bouteilles de bon vin.

Un jour que nous causions avec M. Hirvoix, le commissaire des résidences impériales, je lui dis mon opinion au sujet de la façon dont on traitait les émeutes.

« — Mon avis, lui disais-je, est qu'on accorde trop d'importance à des manifestations qui, pour la plupart, ne sont que des gamineries au commencement et devraient toujours être traitées comme telles. Toute révolution a pour principe un gamin, comme tout incendie a pour commencement une étincelle. Un coup de pied donné et une goutte d'eau versée à temps eussent empêché bien des scènes sanglantes, bien des désastres.

J'ai remarqué depuis longtemps comment procédaient les manifestants dans Paris, avant la guerre. C'étaient d'abord des groupes qui se formaient sur un boulevard, puis qui, se réunissant, constituaient une foule compacte dont chaque personne demandait à l'autre : — Qu'est-ce qu'il y a ? — Le lendemain, à la même heure, la même foule revenait pour voir les groupes ; quelques marmitons et garçons pâtissiers (j'ai toujours constaté la part active que les marmitons prenaient à nos révolutions) cassaient les vitres d'un réverbère, plus loin des gamins s'acharnant sans raison culbutaient un kiosque de marchand de journaux.

Dès lors l'émeute était constituée régulièrement et devenait un but de promenade pour les Parisiens qui se rendaient là comme on les a vus aller voir tomber les obus quand Paris était assiégé par les Prussiens ; les dimanches surtout, la foule était plus considérable dans les quartiers bombardés, parce que les badauds y conduisaient leurs enfants pour les récompenser de leur bonne conduite pendant la semaine.

Revenons aux émeutes.

Le rendez-vous général de Paris était à l'endroit où s'étaient passées ces premières scènes de violence. On se serait peut-être lassé d'un aussi beau spectacle, s'il n'avait été rendu plus intéressant encore par l'arrivée de la cavalerie et des troupes qui passaient sur les trottoirs.

Rien de plus triste, de plus morne que ces défilés destinés à produire un grand effet.

— Savez-vous, disais-je à M. Hirvoix, en continuant ma conversation, savez-vous ce que je ferais si je commandais Paris? Au lieu d'envoyer ces soldats silencieux, tristes, inutiles, je mettrais à leur tête la musique de leur régiment; je ferais exécuter la *Femme à barbe,* ou le *Roi barbu qui s'avance, bu,* par exemple; tous les badauds du boulevard, qui n'ont jamais résisté à une musique militaire, se mettraient au pas avec les troupiers et les suivraient partout où ils iraient. Votre boulevard serait instantanément nettoyé, les boutiques rouvriraient, et quant à vos curieux et vos émeutiers, vous les auriez conduits à la préfecture de police où ils seraient tous entrés sans seulement s'en apercevoir.

Le lendemain, j'aurais voulu qu'ils trouvassent tout Paris en fête, que l'Opéra, l'Opéra-Comique, le Théâtre-Français, les théâtres de drame fussent ouverts gratis, et vous auriez bien vu si vos émeutiers, vos désœuvrés occupés à s'amuser, eussent pensé aux barricades!

M. Hirvoix applaudit à mon projet; j'appris même qu'il en parla à l'empereur qui rit beaucoup; il eût mieux fait de moins rire et de l'appliquer sérieusement.

Tout cela afin de dire que je crois au pouvoir de la bonne chère pour apaiser les passions et les haines, et que c'est avec cette conviction que j'avais pensé aux dîners du *Figaro*. Ce fut une grosse affaire que leur organisation. Armand Barthet, après de longues délibérations avec nous tous, en rédigea les statuts. Voici quelle fut la première annonce de ces banquets, fondés pour entretenir des relations de confraternité entre les gens de lettres; je la retrouve dans *le Figaro* du 12 novembre 1857.

« L'union fait la force : rassemblons en noyau nos célébrités parisiennes; le bon vin fait la belle humeur : réunissons-nous à table ; et bannissant les préoccupations bourgeoises qui engendrent la bêtise et l'ennui, pensons tout haut et rions de même. Il ne fait pas tous les jours soleil, et l'esprit aussi a ses jours de pluie ; mais si l'occasion nous manque pour applaudir un bon mot, elle ne nous manquera pas pour siffler une sottise, — et qu'importe si l'on a ri!

« Donc, je voudrais voir fonder un souper mensuel où vinssent s'asseoir à tour de rôle, dans des limites convenues, toutes nos illustrations du moment, — celles de l'atelier, celles de la rampe, — celles du livre et celles du journal. Mieux encore! ouvrant à deux battants les portes de nos agapes, j'y convierais quiconque se sent dans la tête ou sur la langue la force de tenir son bout de table, dans une pareille assemblée. Pourvu avec cela que le nouveau venu se soit fait présenter par quelque notable, comme il convient dans toute réunion qui se respecte, nous le recevons à bras ouverts, et si d'aventure notre hôte a des saillies victorieuses, c'est de nos propres mains et avec une abnégation reconnaissante que nous le hissons sur le pavois. »

Les statuts suivaient cette proclamation qui fut accueillie avec le succès que je dirai plus loin.

SOCIÉTÉ D'ENCOURAGEMENT
POUR
L'AMÉLIORATION DE L'ESPRIT FRANÇAIS

STATUTS
CHAPITRE PREMIER
ORGANISATION

I

Il y aura, le premier jour de chaque mois, une réunion spéciale désignée sous le nom de *Diner du Figaro*.

II

Nul ne pourra y assister sans avoir satisfait à la double formalité de la souscription et du concours.

III

Le nombre des convives admis ne pourra jamais dépasser trente.

. . . .

CHAPITRE II

CONDITIONS D'ADMISSION

V

La souscription est de 10 francs, immédiatement payés et non susceptibles de répétition (sauf l'exception prévue à l'article IX), quoi qu'il puisse être décidé à l'occasion du concours à subir ensuite par le souscripteur. La cotisation des évincés sert à relever d'autant l'éclat de la fête à laquelle sont conviés les élus.

VII

Figaro, pour couvrir ce que la modicité du chiffre de la cotisation pourrait laisser de défectueux, s'inscrit à lui seul pour 200 francs par réunion.

. . . .

CHAPITRE VI

DU COUVERT DE L'ANGLAIS

XXVI

Par une exception spéciale, un couvert est toujours réservé à la grand table. Ce couvert est désigné sous le nom de *Couvert de l'Anglais.*

XXVII

Pour devenir titulaire du couvert de l'Anglais, il n'est pas besoin de subir l'examen exigé du vulgaire. Il suffit au candidat de s'être fait inscrire la veille, avant quatre heures du soir, au bureau du journal, et d'avoir versé entre les mains du caissier une cotisation de 500 francs.

Le montant de cette cotisation exceptionnelle est consommé séance tenante, par la réunion honorée de ce magnifique suffrage.

XXVIII

Sont considérés comme Anglais, et accueillis comme tels, tous les nobles seigneurs français ou étrangers, disposés à consacrer vingt-cinq louis à la satisfaction d'une fantaisie aussi distinguée.

XXIX

Dans le cas où le *couvert de l'Anglais* est l'objet de plusieurs demandes, la date de l'inscription fait loi. On passe à l'ancienneté.

CHAPITRE VII

DISPOSITIONS GÉNÉRALES

XXX

Le costume est *ad libitum*. Nous nous en rapportons à la magnificence ou à l'originalité des convives.

XXXI

Chacun se place à sa guise et choisit ses voisins de table, à condition, bien entendu, de ne pas sortir de la catégorie qui lui a été assignée.

DISPOSITIONS TRANSITOIRES

XXXVI

Pour la première réunion il n'y a pas lieu de souscrire. C'est *Figaro* qui invite. Elle aura lieu lundi prochain, 16 novembre, à 6 heures du soir, dans les salons de Véfour-Tavernier, au Palais-Royal.

La commission du mois prochain sera nommée à la majorité.

Donné en nos bureaux de la rue Vivienne, le 12 octobre 1857.

La tournure officielle de ce règlement produisit un grand effet; nous-mêmes nous ne le lûmes entre nous qu'avec un certain respect.

Quelques explications sur certains articles des statuts. On remarquera par exemple que le 21e article permet à tout le monde de choisir ses voisins de table à la condition de ne pas sortir de la catégorie qui lui a été assignée.

En effet, je n'espérais pas que rien que par le fait de notre invitation toutes les mains se fussent tendues les unes vers les autres et que toutes les petites inimitiés eussent brusquement cessé. Il fallut justement beaucoup réfléchir avant de mettre un nom sur un couvert. C'étaient des combinaisons comme celles des échecs pour éviter de trop rapprocher celui-ci de celui-là.

Je me rappelai utilement, pour la circonstance, un jeu d'enfant qui consiste à deviner où l'on placera un loup, une chèvre et un chou sur le pont où ils doivent passer : il ne faut pas que le loup soit à côté de la chèvre, il la dévorerait, mais il ne faut pas non plus que le chou soit trop près de la chèvre, il serait mangé par elle.

A chaque nom presque, c'était un obstacle à vaincre, une difficulté à tourner. Un tel n'était pas bien avec un tel; il fallait les mettre du même côté de la table afin qu'ils ne se vissent pas de face; nous allions nous asseoir à toutes les places pour juger de l'effet; on faisait mettre un vase de fleurs pour masquer X... à Z...

On croyait avoir tout bien réglé quand on s'apercevait que le même X... pouvait apercevoir le même Z... entre un flambeau et une corbeille à fruits.

Théophile Gautier me donna l'idée de faire pour notre grande table comme on fait pour la plantation d'un jardin; je me mis à tous les points de vue, créant des obstacles, des coulées, avec des vases de fleurs, de fruits, des candélabres, etc., suivant que je voulais masquer ou prolonger le coup d'œil de tel ou tel invité. Autant que possible nous mettions l'un près de l'autre ceux que leurs natures devaient faire sympathiser.

Le couvert de l'Anglais, dont nous avons parlé plus haut, on l'a bien compris, était une pure plaisanterie, et en l'inventant nous ne pensions guère qu'il serait jamais pris au sérieux.

Un jour pourtant (notre dîner avait lieu ce jour-là à l'hôtel du Louvre) un Anglais fort bien se présenta, et comme il remplissait toutes les conditions prévues par notre règlement, nous dûmes l'accepter. Il avait l'air fort aimable et très-distingué, sans rien de cette froideur guindée particulière aux physionomies anglaises. Avant de prendre la place qui lui était réservée, il vint me serrer la main, en fit autant à chacun des convives, mais ne prononça pas un mot de français. Bien que plusieurs de mes rédacteurs eussent pu lui parler anglais, on trouva plus plaisant de le laisser dans l'isolement, pour voir comment il se tirerait de cette situation. Notre Anglais ne parut nullement embarrassé. Il nous regardait avec plaisir, souriait de temps à autre, et portait la santé de celui-ci ou de celui-là en soulevant son verre. Peu à peu les langues se délièrent et comme on ne se gênait pas devant un étranger qui ne comprenait pas, on l'éplucha assez doucement, il faut le dire, mais enfin on fit à haute voix et sans se gêner une suite de plaisanteries fort gaies à son endroit.

Le repas terminé, l'Anglais se leva gravement et nous dit dans un français dont je n'oublierai jamais la pureté et avec un accent méridional assez prononcé :

— Messieurs, je ne suis pas du tout Anglais, je suis un gros négociant en vins de Bordeaux, et je vous demande la permission de vous adresser comme souvenir quelques échantillons de ma maison.

On juge de la stupéfaction générale qui suivit ces paroles et de l'embarras de tous ceux qui avaient parlé du faux Anglais devant lui avec autant d'indifférence que s'ils eussent été près d'une statue. Mais bientôt on félicita le négociant du tour ingénieux qu'il nous avait joué; chacun lui fit sa commande; on le proclama séance tenante fournisseur attitré du *Figaro*, et en effet, il ne s'est jamais donné un dîner de rédaction sans que l'*Anglais de Bordeaux*, c'est ainsi que nous l'appelions, ne se chargeât lui-même de nous fournir les vins les plus exquis et les plus authentiques.

J'ai eu, depuis ce temps-là, l'occasion de faire très-ample connaissance avec ce négociant; il était ami d'Alexandre Dumas, de Desbarrolles, de Millaud, de Mirès, etc. Je suis devenu son client le plus assidu et le plus satisfait; et je l'ai fait adopter par ma famille et mes amis qui en ont toujours été ravis.

Jusque-là, j'avais été en proie, comme tant de monde, à ces marchands de vin plus ingénieux qu'honnêtes, qui vont acheter à Béziers le Château-Margaux ou le Saint-Emilion qu'ils vous vendent 3 ou 4 francs la bouteille.

C'est à mon spirituel fournisseur de Bordeaux que je dois un usage que je prends la liberté de recommander à tous ceux qui reçoivent.

Généralement quand on invite à sa table quelques amis, on commence par leur servir le vin le moins bon, de manière à leur faire apprécier à la fin du repas, par une savante gradation, les grands crus que l'on tient en réserve. Je trouve, au contraire, qu'il est à la fois plus sain, plus agréable et plus logique de servir tout de suite ce que l'on a de mieux, avant que l'appétit ne soit émoussé et l'estomac chargé. J'ajouterai que je ne donne jamais, même comme vin de table ordinaire, qu'un vin qui pourrait très-bien passer comme vin de dessert, bien qu'il soit loin d'être aussi cher. Tous ceux qui ont dîné chez moi depuis quinze ans, et la liste en est longue, m'ont toujours félicité de l'excellence de ce vin. Je ne suis pas fâché, puisque l'occasion s'en présente, de reporter leurs compliments à qui de droit, c'est-à-dire à notre faux Anglais des dîners du *Figaro*.

Il s'en faut de beaucoup que le menu d'un dîner aussi considérable soit facile à faire. Un repas d'hommes n'est pas comme un repas de noces où les sucreries, les petits plats doivent jouer un rôle important. Bien que je sois sobre de nature, je dois avouer avec une certaine coquetterie que je crois m'entendre assez bien à faire un menu comme celui qu'il nous fallait.

J'allai chez Tavernier, maison Véfour, et je lui dis mes intentions : — Nous ne voulons pas de pièces montées, nous n'avons aucun plaisir à contempler des nougats surmontés de plumets de colonel en sucre pilé, nous ne voulons pas de Figaros en sucre avec des ornements collés au pouce avec de la salive, pas de petits oiseaux, de papillons, de mosquées en pastillage, nous ne désirons que quelques plats, mais nous voulons qu'on y revienne. Donnez-nous des filets de bœuf, des gigots de chevreuil, des perdreaux truffés; mais, je m'explique, je ne veux pas de ces truffes coupées en petits morceaux et qui sont si rares qu'il faut gratter au fond de la volaille pour en avoir quelques bribes; non, j'en veux des avalanches, j'en veux trop! ma gloire d'organisateur sera d'entendre dire, aux garçons qui en offriront pour la troisième fois : — Ah! mais, à la fin, vous m'ennuyez avec vos truffes!

Mon vœu fut exaucé; en effet, le soir du dîner, je suivais de l'œil un des garçons; je le vis s'avancer vers Rovigo qui causait activement duel avec un de ses voisins : — « Des truffes, monsieur? » murmura le garçon à son oreille. Rovigo ne répondit pas et continua sa conversation. — « Des truffes, monsieur? » fit le garçon un peu plus haut. — « Mais voulez-vous me laisser tranquille avec vos truffes! s'écria Rovigo impatienté, voilà trois fois que vous m'en donnez! »

Mon succès était complet.

Une anecdote personnelle avant de commencer le récit de notre premier dîner : Il avait été convenu que chacun, pour être reçu à notre table, devait envoyer un mot spirituel, une nouvelle à la main, quelque chose enfin qui prouvât qu'il était digne de faire partie de la *Société d'Encouragement pour l'amélioration de l'es-*

prit français, comme nous l'avions modestement intitulée.

Ceux qui avaient oublié de se conformer à cette formalité ou qui s'étaient mal acquittés de leur besogne devaient être punis; le châtiment consistait à être privé de café pour l'insuffisance du mot apporté ou à n'avoir pas de vin fin sur sa table dans le cas d'oubli.

Je dois dire que cette mesure cruelle avait surtout pour but d'éloigner ceux qui se sentaient incapables de se trouver avec des gens dont le métier est d'avoir de l'esprit; nous avions été jusqu'à nommer deux examinateurs qui se tenaient dans l'antichambre et qui prenaient gravement les manuscrits en les vérifiant, tout comme les employés des chemins de fer quand ils recueillent les tickets des voyageurs.

Pour les invités qui viendraient sans nouvelles à la main, je fis mettre une table spéciale, dont le couvert devait être absolument pareil à l'autre, à ceci près qu'on n'y verrait pas de vin. Même gamme de verres que pour les autres, mais pas de vin, je le répète. Afin de rendre le supplice et l'humiliation moins forts, je pensai à placer devant ces invités des bouteilles, non pas de bordeaux ni de bourgogne, mais de toutes les eaux minérales de table qu'on puisse imaginer : eaux de Vichy, d'Orezza, de Seltz naturelle, etc., etc.; au col de chacune d'elles, on devait mettre une étiquette portant la date de la grande récolte avec l'indication du cru ; par exemple on eût lu : Eau de Saint-Galmier (1842), eau de Pougues (année de la comète), eau de Vals (retour de l'Inde), etc.

Je partis aussitôt avec mon gendre Bourdin pour me renseigner à l'établissement des eaux de Vichy qui est au coin de la rue Drouot. Comme mon intention était de varier le format des bouteilles, je demandai à la dame du comptoir de vouloir bien m'en faire montrer quelques-unes.

— Mais de quelle eau voulez-vous, monsieur ?

— Celle que vous voudrez, madame... faites-moi montrer...

— Mais, monsieur, vous devez pourtant bien savoir quelle eau vous voulez... voici le catalogue !

— Ce n'est pas de cela qu'il s'agit... la qualité, la provenance de l'eau me sont indifférentes, je tiens seulement à ce que la forme des bouteilles soit variée.

A peine avais-je dit ces mots, que je vois surgir un garçon de boutique qui l'œil en feu s'adresse à moi et me crie de toutes les forces de ses poumons :

— Dites donc, voulez-vous nous ficher le camp, et plus vite que ça !

Je voulus m'expliquer, le garçon renouvela son invitation avec la même courtoisie. Cette fois, je n'y tins plus et je voulus m'élancer sur ce fou furieux. Bourdin m'arrêta, me conjura de contenir ma colère.

— Soit! m'écriai-je, je pars, et vous allez avoir de mes nouvelles!...

— Oui, oui, hurlait le garçon, vous faites mieux de vous en aller!

Je sautai immédiatement dans une voiture et je me fis conduire chez le directeur de cette maison, M. Callou, qui demeurait rue du Faubourg-Saint-Honoré. Je lui expliquai la scène qui venait de se passer. M. Callou, qui était un homme fort aimable et bien élevé, me calma de son mieux en m'annonçant d'abord qu'il allait mettre immédiatement ce garçon à la porte. Puis, il m'expliqua ce qui avait donné lieu à la sortie véhémente dont je venais d'être gratifié.

— Ces jours-ci, me dit-il, une maison qui cherche nos modèles de bouteilles pour les contrefaire, envoya demander des échantillons à notre magasin. Ce garçon que vous venez de voir a donné tous les renseignements possibles avec une complaisance et une candeur parfaites. J'ai appris la chose et je l'ai traité d'imbécile devant tout le monde. Il a pensé que vous étiez de la même compagnie de contrefacteurs et a voulu se venger de sa sottise.

On comprend qu'en présence de pareilles explications, je demandai que ce garçon (un ancien militaire) ne fût pas déplacé et je repartis pour *le Figaro*. J'y trouvai un de mes amis, M. Burdin, qui était notre avoué, qui venait me demander d'être de notre dîner, et comme je n'ai jamais pu résister à une plaisanterie, je lui dis : — Soit, mais vous allez me rendre un service, et je le priai d'aller à l'établissement des eaux de Vichy, sans lui dire de quelle façon j'y avais été reçu.

— Allez, lui dis-je, demandez à voir quelques différentes formes de bouteilles, vous nous ferez envoyer celles que vous aurez choisies.

Burdin qui était fort complaisant, se mit aussitôt en route. Il revint presque aussi vite qu'il était parti. Le garçon avait accueilli ses questions comme il avait fait des miennes. Burdin était furieux, voulait faire un procès, et je ne pus le calmer qu'en lui avouant la vérité.

Notre premier dîner eut lieu. Le succès fut considérable. Le couvert, dont *le Figaro* donna un plan, était unique dans son genre. On peut en juger par les noms suivants devant lesquels on avait fait figurer les titres de chacun des convives à notre réunion. Combien, hélas ! n'y sont plus et ont disparu depuis vingt ans !

On voyait par exemple le nom de Méry suivi de *Héva*; à côté d'Armand Barthet, *le Moineau de Lesbie;* on lisait cette liste de noms et d'œuvres célèbres :

Auber, *la Muette;* Mürger, *les Vacances de Camille;* Théophile Gautier, *Mademoiselle de Maupin;* Fiorentino, *traduction du Dante;* Félicien David, *la Perle du Brésil;* Maillart, *Gastibelza;* Léo Lespès, *Paris dans un fauteuil;* Eugène Guinot, *les Mémoires du Diable;* Duvert, *le répertoire d'Arnal;* Michel Carré, *les Noces de Jeannette;* Nestor Roqueplan, *Nouvelles à la main;* Villemot, *ses Chroniques;* Alphonse Royer, *la Favorite;* Léon Gozlan, *le Lion empaillé;* J. de Prémaray, *les Droits de l'Homme;* Nefftzer, *Bulletin politique;* Anicet Bourgeois, *Marianne;* Dantan, *la Statue de Boïeldieu;* Dupeuty, *Paris la Nuit;* Panseron, *Traité d'harmonie;* Gustave Vaëz, *la Favorite;* de Saint-Georges, *les Mousquetaires de la Reine;* F. Halévy, *la Juive;* Cabarrus, *Philosophie de la médecine;* Dumanoir, *l'École des Agneaux;* René de Rovigo, *Jusqu'à minuit;* marquis du Hallays, *Code du duel;* Edouard Martin, *la Rue de Lourcine;* Lambert Thiboust, *les Filles de Marbre;* et bien d'autres que l'espace ne nous permet pas de nommer ici. Parmi les défunts je trouve encore Millaud, à côté de qui on avait écrit seulement *sa fortune,* bien qu'il eût tous les titres possibles à faire partie d'une société de gens d'esprit.

Parmi les vivants, ce qui est plus gai, je vois les noms suivants avec la mention de l'œuvre principale de chacun :

Gustave Doré, son *Juif-Errant;* Offenbach, *les Deux*

Aveugles; Charles Comte, *son théâtre;* Louis Enault, *Christine;* Roger, *Jean de Leyde;* Victor Massé, *Galatée;* Ludovic Halévy, *le Cousin de Marivaux;* Gevaërt, *Quentin Durward;* Marc Fournier, *les Libertins de Genève;* Jouvin, *Chroniques musicales;* Emile Perrin, *ses mises en scène;* Barrière, *les Faux Bonshommes;* Gounod, *la Nonne Sanglante;* Darcier, *le Livre du bon Dieu;* Limnander, *les Monténégrins;* Hector Crémieux, *Elodie;* d'Ennery, *la Grâce de Dieu;* A. Scholl, *les Esprits malades;* Th. Cognard, *la Famille du fumiste;* Renaud, *l'Hôtel de la place Saint-Georges;* H. Cognard, *Bruno le fileur;* Albéric Second, *Petits Mystères de l'Opéra;* Reyer, *Maître Wolfram;* Arsène Houssaye, *Philosophes et Comédiens;* Duprez, *Arnold;* Gatayes, *Musique et Sport:* Monselet, *Dans les vignes;* docteur Laville, *les Goutteux reconnaissants;* Cochinat, *Lacenaire;* Gustave Claudin, *Palsambleu;* Aubryet, *la Femme de vint-cinq ans;* Auguste Maquet, *la Belle Gabrielle;* Bazin, *Maître Pathelin;* Jules Barbier, *les Contes d'Hoffmann;* Boulanger, *le Diable à l'école;* Lachaud, *Avocat du Figaro;* Caraby, *Stephen;* Ambroise Thomas, *le Songe d'une nuit d'été;* Camille Doucet, *le Fruit défendu;* A. Decourcelles, *les Petites Lâchetés;* About, *la Grèce contemporaine;* Saint-Victor, *Critiques théâtrales;* Nadar, *son Panthéon;* Mario Uchard, *la Fiammina;* Siraudin, *a Vendetta;* Clairville, *Gentil Bernard,* etc., etc.

Je m'arrête et je suis à peine arrivé à la moitié de la

liste. On peut juger néanmoins, rien qu'avec les noms que je viens de citer, de l'intérêt que devait présenter une pareille réunion de célébrités de tous genres.

J'ai dit plus haut que tout le monde était forcé de répondre à l'invitation qui lui était faite et que si la réponse était spirituelle elle exemptait du bon mot réglementaire. Voici quelques-unes des réponses que nous firent nos invités :

Proudhon ne put pas assister à notre dîner et le *Figaro* publia le paragraphe suivant contenant une phrase de la lettre du philosophe ; l'autographe en a été perdu, sans quoi je le reproduirais tout entier :

« Si *Figaro* doit une profonde reconnaissance à ceux qui sont venus partager son sel et son pain, il réserve une place d'honneur dans ses archives aux témoignages de ceux qu'un cas de force majeure a mis dans l'impossibilité de répondre pour cette fois à son appel... — M. P.-J. Proudhon — on voit que nous visions la littérature à la tête — M. P.-J. Proudhon, regrettant « que « l'état de sa santé ne lui permette pas d'assister au sa- « tirique banquet », fait une déclaration qui devrait être la devise de tous ceux qui ont jeté une pierre à la tête d'un confrère, cette pierre fût-elle la dernière.

« J'ai fait dans ma vie, écrit-il, un trop large emploi de la critique pour ne pas en reconnaître les droits chez les autres, et je me juge trop bien aussi pour ignorer à quel point j'ai maintes fois mérité le savon. »

Roger, le ténor, alors dans tout son succès, répondit à notre invitation par la petite lettre suivante :

« *Figaro*,

« J'arrive de la campagne à l'instant, et je trouve votre invitation à faire mon trentième dans un dîner de gens d'esprit.

« Je n'en reviens pas, j'en suis tout bête. Mais j'accepte sinon par orgueil, au moins par reconnaissance et par gourmandise.

« Je dînerai et j'entendrai dire vingt-neuf mots spirituels. Vous voyez qu'il ne faut pas compter sur mon écot, à moins que Désarbres ne parle avant moi, ce qui me donnerait beaucoup de courage.

« Merci et tout à vous.

« G. ROGER. »

Voici la lettre de Dumanoir, un esprit charmant et distingué; son répertoire dramatique est trop connu pour que j'aie besoin de le rappeler :

« Messieurs,

« J'accepte avec empressement la petite place que vous voulez bien m'offrir au grand banquet de Figaro. On doit tenir à honneur d'être *un des soixante*, dût-on n'être, comme moi, que le soixantième.

« Agréez, etc.

« Dumanoir.

« 24 novembre 1857. »

Anicet Bourgeois répondit par une lettre qui rappelait ses œuvres dramatiques du boulevard du Temple ; je transcris seulement la fin :

. . . .

« Grand Dieu !... qu'ai-je lu !!!

« Mon nom !!! oui, c'est bien mon nom qu'on a tracé sur cette carte.

« On m'invite chez Figaro, moi !... moi !... Mon Dieu ! que faire !

« Figaro, c'est Villemessant qui rit de tout et toujours... c'est Bourdin, qui a trouvé le moyen de rester spirituel sans devenir méchant... mais c'est aussi Jouvin, Jouvin le tourmenteur, ce tigre myope qui déchire alors même qu'il veut caresser. Oh ! cet homme me fait peur ! Peur ? allons donc ! Ne serai-je pas son hôte, c'est-à-dire sacré pour lui, jusques et y compris le dessert ?... Oui, je puis accepter... J'accepte.

« — J'irai à ce tortureur de mes pauvres enfants... ma main touchera sa main... oh ! mais pour que je puisse faire cela, Seigneur, soutenez-moi, donnez-moi de la force... Et si je sors triomphant de cette terrible

épreuve, encore une fois, Seigneur, je vous dirai :
Merci, mon Dieu, merci ! ! !

« Tout à Figaro.

« ANICET BOURGEOIS.

« 24 novembre 1857. »

Ce fut, je crois, la première fois que le fameux
« Merci mon Dieu ! » prit la place qu'il méritait depuis
si longtemps parmi les clichés dramatiques.

Aurélien Scholl, pour cette fois, fit des vers ; ils ne
rappellent pas précisément, comme on pourra le voir,
son petit chef-d'œuvre intitulé *Denise,* mais ils disent
bien ce qu'ils veulent dire :

« AIR : *Du bal d'ouvriers.*

Comme on le dit dans votre lettre,
Pour conserver le decorum,
Je ferai chercher pour le mettre
Un beau costume *ad libitum* (*Bis*).
A l'heure exacte et très-précise,
Chacun chez Véfour me verra,
Et j'irai m'asseoir à ma guise
A l'endroit qu'on m'indiquera (*Ter*).

« AURÉLIEN SCHOLL. »

Les vaudevillistes répondirent tous. Delacour fut le
plus bref ; il nous écrivit :

« Mon cher Villemessant,

« De l'appétit, j'en aurai ; — de la gaieté; j'en promets ; — de l'esprit..... merci d'avoir invité mes collaborateurs.

« Tout à vous,

« Alfred DELACOUR. »

On n'est pas plus modeste !

On verra par les réponses qui vont suivre quelle belle série d'autographes nous valut l'idée des dîners du *Figaro*.

Méry, à qui les vers coûtaient infiniment moins que la prose, improvisa pour toute réponse les vers suivants :

« De nos jours, on améliore
Souvent bien, et plus souvent mal,
Ou la matière, ou l'animal ;
Rien de parfait n'existe encore.
On améliore, à Paris,
Les bœufs, les races chevalines,
Le sort futur des orphelines,
L'hyperbole des crinolines,
La mauvaise humeur des maris.
La réforme n'est pas entière,
Car, dans ce siècle de matière,
L'esprit, comme le trois pour cent,
N'est plus au pair à notre Bourse ;
L'argot a corrompu sa source :
Au lieu de monter, il descend.

Mais un Espagnol, notre maître,
De Rossini le Figaro,
Ne veut pas qu'à son thermomètre
L'esprit français tombe à zéro.
Donc, que ce bon esprit revive,
La lice s'ouvre maintenant,
Véfour appelle le convive,
Toujours l'esprit vient en dînant.
Que chaque mois donne sa liste.
Ce siècle matérialiste
Par l'esprit doit être agité ;
Que tout maître fasse un élève,
Que l'esprit jeune se relève,
Quand on rajeunit la cité.
Donnons crédit au vieux proverbe
Plus âgé que Mathusalem :
Le granit est fendu par l'herbe.
Ou soit, *Mens agitat Molem.*

« MÉRY. »

Moins lyrique, mais plus précis, Siraudin, en appelant à la *Clé du Caveau*, écrivit cette réponse qu'il est bien capable d'avoir oubliée aujourd'hui :

« AIR : De *Calpigi.*

Oui, le lundi trente novembre,
De ce dîner je serai membre ;
Je me rendrai donc ledit jour,
A six heures, salon Véfour ! (*Bis.*)
Mais, ne craignez-vous pas qu'on dise :
« Deux dîners, quelle gourmandise !
Au lieu d'encourager l'esprit,
On encourage l'appétit. » (*Bis.*)

« P. SIRAUDIN. »

Les princes du journalisme ne firent point les fiers, et M. de Girardin, qui venait de faire, je crois, sa première pièce, nous écrivit les quatre lignes suivantes :

« M. Emile de Girardin, *auteur dramatique!* aura l'honneur de se rendre à l'invitation du *Figaro*, après la représentation de *la Fille du Millionnaire*. Il ne vend pas la peau de l'ours avant de l'avoir tué.

« Tous ses remerciements,

« Emile DE GIRARDIN. »

A un repas auquel devaient prendre part toutes les illustrations de l'époque, on ne pouvait pas omettre M. Scribe ; aussi l'auteur de tant de chefs-d'œuvre reçut-il la lettre suivante :

SOCIÉTÉ D'ENCOURAGEMENT

POUR

L'AMÉLIORATION DE L'ESPRIT FRANÇAIS

FIGARO *a l'honneur d'inviter Monsieur*

EUGÈNE SCRIBE

Au dîner d'inauguration qui aura lieu le lundi 30 novembre, à 6 heures, dans les salons de Véfour, Palais-Royal, galerie Baujolais n° 79.

RÉPONSE S. V. P.

EXTRAIT DES STATUTS

« ART. XXIX. — Le costume est *ad libitum*; nous nous en rapportons à la magnificence ou à l'originalité des convives.

« ART. XXX. — Chacun se place à sa guise et choisit son voisin de table.

« 55, rue Vivienne. »

Comme je l'ai dit déjà, l'indépendance des allures de *Figaro* lui avait valu de petites haines ; la vérité c'est que les esprits médiocres avaient seuls gardé le souvenir d'attaques légères, qu'ils eussent peut-être sollicitées à genoux comme réclames, si on ne les leur avait données pour rien. Nous savions à quoi nous en tenir sur ces sortes de rancunes qui ne germaient que dans des cerveaux où le talent n'avait pas place.

Aussi quel ne fut pas notre étonnement quand nous reçumes de Scribe, le maître du théâtre moderne, l'homme d'esprit par excellence, la lettre suivante :

« Paris, 25 novembre 1857.

« Messieurs,

« Je ne dîne que chez mes amis, et ayant le malheur de ne pas être des vôtres, je ne me reconnais aucun titre à l'invitation que vous me faites l'honneur de m'adresser.

« Veuillez bien, messieurs, croire aux vifs regrets que j'éprouve pour le plaisir auquel je renonce et surtout pour le motif qui me force d'y renoncer.

« Je vous prie d'agréer, Messieurs, l'expression de ma considération distinguée,

« Eugène SCRIBE. »

La surprise causée par cette lettre fut si grande qu'on pensa d'abord ne pas devoir y répondre. En réfléchissant on trouva qu'il fallait toujours répondre à Scribe ; ce fut Hector Crémieux qui se chargea de la réponse qui fut insérée au *Figaro*, la voici :

RÉPLIQUE

AIR : De *Calpigi*.

Monsieur Scribe, à notre bombance,
Refuse sa noble présence
Sous prétexte que ses écrits
Ne dînent que chez des amis. (*Bis.*)
L'excuse n'est vraiment pas bonne :
On ne voulait que sa personne.
En laissant ses écrits chez lui,
Il eût été bien accueilli. (*Bis.*)

(*Figaro.*)

Ici je dois placer un nouveau paragraphe de mes confessions :

Il est bien clair que tout en plaisantant M. Scribe sur *ses écrits*, nous n'avions d'autre but que de lui faire une petite piqûre pour le punir d'une rancune indigne de lui. Certes, personne n'a jamais pensé à contester à Scribe la première place qu'il occupe dans le théâtre moderne, et le Figaro moins que tout autre ; l'homme qui a fait tant de chefs-d'œuvre de comédie, tels que le Verre d'eau, Bertrand et Raton, la Chanoinesse, des drames comme les Huguenots, la Juive, etc., mérite l'admiration de tout le monde, et je puis dire qu'il avait la mienne depuis fort longtemps.

Le hasard qui m'avait fait connaître tant d'hommes de lettres à l'époque de nos dîners, ne m'avait jamais mis en rapport avec M. Scribe ; je l'avais vu parfois au théâtre, les jours de premières représentations, mais je ne lui avais jamais parlé.

Quelques mois après l'insertion du couplet qu'on vient de lire, je me trouvais dans le petit réduit qui servait de cabinet de travail à Offenbach, aux Bouffes-Parisiens. M. Scribe y vint aussi après moi. Si je le connaissais seulement de vue, lui ne me connaissait pas du tout.

La conversation s'engagea sur je ne sais quel chapitre ; j'étais de bonne humeur et je dis quelques plaisanteries qui firent rire Scribe ; sa gaieté m'encouragea, je mis un peu du coquetterie à lui plaire, je l'avoue ; tant et si bien que nous taillâmes une véritable *bavette;* je fis beaucoup de frais, il fut extrêmement aimable, j'étais enchanté de la rencontre. La conversation se prolongeait d'autant plus que je ne voulais pas sortir le premier, pour qu'il ne sût pas qui j'étais après mon départ.

Cependant il fallut bien m'en aller; je partis le premier. A peine étais-je sur le théâtre que M. Scribe vint m'y retrouver et avec une amabilité charmante, m'interpela en me disant : — « Comment! vous êtes M. de Villemessant, mais je ne vous connaissais pas et je suis enchanté de m'être rencontré avec vous! » Il ajouta d'autres choses très-flatteuses que ma modestie ne me permet pas de rapporter ici, mais qui chatouillèrent agréablement mon amour-propre; d'autant plus qu'elles étaient dites devant témoins, devant des personnes qui attendaient Offenbach sur la scène; entre autres Hector Crémieux.

Sentant bien qu'il fallait un semblant d'explications pour que la paix fût vraiment faite avec Scribe, quelque amabilité qu'il mît à ne point parler du fameux couplet, je lui dis :

— Permettez-moi, monsieur Scribe, de vous dire toute l'admiration que j'éprouve pour vos œuvres ; mes rédacteurs sont des savants, des lettrés, une petite négligence de style peut leur faire pousser de hauts cris, mais, moi, j'avoue humblement que je ne vois que votre immense talent, et que, depuis longtemps, j'ai déclaré que vous êtes de ceux qui ne seront jamais remplacés.

M. Scribe répondit en homme d'esprit, à cet aveu qu'il sentait sincère. A ce moment, Hector Crémieux vint à passer; il était au mieux avec Scribe; il se joignit à notre groupe, et avec une rare perfidie je continuai le dialogue :

— Ainsi, lui dis-je, voici Hector Crémieux, qui certes rend hommage à votre mérite (ici Crémieux fit un sourire des plus aimables, qui renfermait toute l'admiration possible), eh bien! c'est lui qui a fait l'autre jour, en réponse à votre lettre, le joli couplet que vous avez lu.

On juge de l'effet que produisit ce mot sur Crémieux; sa figure était à peindre. Il émit quelques raisons, bonnes ou mauvaises, bonnes probablement, car Scribe lui donna la main très-amicalement quand nous nous quittâmes.

Nous avons ri bien longtemps avec l'auteur de la *Chanson de Fortunio*, de cette aventure.

Depuis ce jour je rencontrai souvent Scribe; sa conversation, que bien des gens trouvaient terne, parce qu'ils y attendaient des mots, était pour moi des plus intéressantes ; c'était le bon sens même, l'expérience qui parlaient par sa bouche, et cela pour les choses les moins importantes en apparence.

— Rien, me disait-il un jour que j'avais été le voir, n'est difficile comme de trouver un bon titre de pièce ; un titre qui sonne bien à l'oreille, qu'on retienne bien et qui plaise à l'œil sur l'affiche. J'ai deux ou trois moyens pour arriver à ce résultat. Comme dernière ressource, on peut toujours mettre le nom du héros ou de l'héroïne ; mais c'est bien dangereux avec les jalousies des comédiens ; tous veulent être titulaires ; avec un nom : Louise, Pierre ou Paul, on a tous les acteurs contre soi ; avec *les Huguenots, les Diamants de la Couronne*, on a la paix assurée. Reste à satisfaire le public avec son titre. Voici comment je procède : quand j'en ai à peu près trouvé deux ou trois dans mon esprit, je prie le directeur de les faire imprimer en affiches ; mon domestique va les piquer dans mon cabinet, et quand je rentre, mes yeux se portent forcément sur l'une d'elles ; c'est celle-là qui me donne le titre de ma pièce ; on ne sait pas la force de l'assemblage des lettres ; le succès du *Lorgnon* a peut-être tenu à ce qu'il y a deux O dans le mot ! Ce titre a l'air de vous regarder.

Je profitai de cette conversation et il n'est pas de titre de rubrique du *Figaro* que je ne fasse passer par les mêmes épreuves que les affiches de Scribe.

Ce ne fut pas le seul service que me rendit son expérience. Que de fois je lui ai entendu dire cette phrase si répétée depuis : — « Tout ce qu'on coupe n'est pas sifflé ! » — Et il avait raison ; tout le monde est porté à délayer sa pensée, à la noyer dans des phrases et des considérants. Par exemple : règle générale, vous pouvez presque toujours décapiter un article sans crainte de lui nuire.

Malgré soi, avant d'aborder le sujet, un journaliste croit devoir le faire précéder de quelques lignes de préface ; à son insu, il fait des gammes, ou veut *se mettre en plume*, et pendant ce temps, le lecteur se décourage et cherche de l'œil où commence l'intérêt. Et le *mot de la fin* d'un article, quelles angoisses ne donne-t-il pas à celui qui le cherche ! Et quand il est si cherché est-il toujours trouvé et ne vient-il pas dur, gauche, échauffé ! Je recommanderai le moyen suivant : relisez-vous, il est bien rare que vous ne trouviez pas votre mot dans le milieu de votre article ; celui-là est venu spontanément, transplantez-le à la fin, il est bon et portera.

Travaillant sans cesse à la recherche de tout ce qui pouvait servir au théâtre, Scribe allait voir toutes les pièces, étudiant les procédés des bonnes, et se disant, après avoir vu une mauvaise pièce : « Elle est manquée pour telle ou telle raison, mais l'idée est bonne, je la referai ! »

A propos des négligences qu'on lui a reprochées si souvent, il faut ajouter que souvent elles étaient volontaires. Sacrifiant tout à l'effet, à l'optique du théâtre, il traitait les détails avec un grand dédain ; c'est ainsi qu'à une répétition de *l'Etoile du Nord*, à laquelle j'assistais, M. Perrin, alors directeur de l'Opéra-Comique, lui ayant fait remarquer que les chœurs chantaient deux vers qui n'avaient jamais songé à rimer ensemble, Scribe répondit : — « Ah ! pardon, mais ces vers-là, je ne croyais pas qu'on les entendrait ! » et il en refit immédiatement d'autres.

Nous voilà un peu loin des dîners du *Figaro*, revenons-y sans précautions oratoires. Chacun devait apporter son mot. Comme cet excellent Porcher, l'ami de tous les auteurs, demandait quelles étaient les conditions d'admission du prochain dîner :

— 10 francs, lui dit-on, et un mot !

— C'est 10 francs pour moi, alors, répliqua-t-il.

— 10 francs et un mot !

— Ah bah ! pour le mot on me fera bien crédit, moi qui depuis vingt ans ai fait crédit à tant de monde.

Tout le monde ne prit pas, comme l'avait fait Scribe, les coups d'épingle du *Figaro* au sérieux, et d'Ennery, ce charmant esprit, une des victimes de Jouvin pansée par moi qui étais devenu son brancardier, nous répondit par cette petite lettre :

« Mon cher Villemessant,

« J'accepte votre tout aimable invitation. *Figaro* n'épargne guère mes pauvres drames, il en dit presque autant de mal que j'en pense moi-même ; et si je n'acceptais pas l'invitation qu'il a bien voulu m'adresser, on pourrait croire que j'ai la faiblesse de me blesser de ses spirituelles critiques.

« A. d'Ennery. »

Lambert Thiboust, pour toute réponse, nous adressa la charmante pièce de vers suivante, qui eut à cette époque un succès immense, et que je lui fis recopier quelques années après pour notre collection de l'*Autographe* :

MÉLANCOLIA

Oh ! les connaissez-vous ces jours pleins de misère
Où le spleen vous étouffe entre deux bâillements,
Où s'en viennent souffler sur le cœur qui se serre,
Ainsi qu'un vent d'hiver, les découragements !

Ces jours plus longs qu'un siècle, où tout rire détonne,
Où l'on est poursuivi par un air d'Offenbach,
Ces jours où l'on se sent plus lourd, plus monotone
Que les époux Fernel, par monsieur Louis Ulbach ?

On se lève à midi, paresseux, sombre, lâche,
Ennuyeux, ennuyé, misanthrope, énervé.
Aucun bruit au dehors. Les oiseaux font relâche.
Et l'on écoute l'eau tomber sur le pavé.

Car il pleut ces jours-là pour toute la journée ;
Et, comme le valet que l'on sonne est en bas,
Soi-même l'on remplit de bois la cheminée :
Le feu vous égaîrait... mais le feu ne prend pas !

On lit le *Moniteur*, le regard s'y promène,
On y voit : « Monsieur X... est nommé sous-préfet. »

Ou : « Comment finira la question romaine? »
Et l'on se dit : « Tout ça, qu'est-ce que ça me fait? »

On est paradoxal, on devient sanguinaire,
Et l'on découvre en soi de rouges horizons,
Et l'on en vient jusqu'à dire de Lacenaire,
Que peut-être, après tout, il avait ses raisons !

Que c'est fort ennuyeux, ce million qui manque,
Et que, quand on s'en va, le gousset vide, errant,
Il est de mauvais goût aux garçons de la Banque
De trimbaler des sacs d'un air indifférent !

Ces jours-là, voyez-vous, c'est qu'une patte blanche
Vous écrivit ces mots, qui font le désespoir,
Cet adieu féminin : « Mon cher, je serai franche.
« Je vous aimais hier... ne venez pas ce soir! »

Lambert Thiboust.

Thiboust n'avait du reste pas besoin de se mettre en frais d'esprit ou d'imagination pour faire partie de nos dîners ; son répertoire suffisait, et il serait arrivé sans vers et bouche close qu'il eût été accueilli et recherché par chacun de nous. Pauvre Thiboust, je ne me doutais pas alors que quelques années plus tard, et de même que pour Mürger, *le Figaro* lui ferait faire un tombeau.

Divers incidents se produisirent à ces dîners, et l'admission de Jules Lecomte, de qui j'ai parlé dans l'avant-dernière série de ces bavardages que j'intitule *Mémoires*, ne fut pas une petite chose. La plupart des invités n'étaient pas d'avis de l'admettre. Les plus difficiles, comme toujours, étaient ceux qui auraient dû le moins l'être. Fiorentino protesta de toutes ses forces et vota absolument contre lui. Je maintins l'invitation. Quand il s'agit de lui trouver une place à table, les quolibets ne manquèrent pas :

— Ne le placez pas à côté de Lachaud, s'écria X..., il aurait l'air d'être à côté de son défenseur !

Jules Lecomte naturellement ne sut rien de ce ballottage humiliant et se rendit au dîner ; c'était à qui n'irait pas au-devant de lui ; Nadar, qui le connaissait bien, eut plus de courage et de bon cœur que bien d'autres ; il alla franchement à lui, lui tendit la main et l'amena au milieu de tous ; la glace était rompue et il ne se doutait pas quel signalé service lui avait rendu Nadar en agissant ainsi.

On n'empêchera jamais des gens de lettres réunis de faire plus ou moins d'esprit aux dépens les uns des autres ; cette fois les traits décochés étaient fort innocents et personne ne s'en plaignit.

Je me rappelle que Mürger racontait qu'après un dîner du *Figaro*, Monselet qui avait dîné comme quatre, n'avait pas quitté de la nuit le buffet abondamment servi, et qui, disait-il, était *gris aux radis*, s'écria vers le matin : — « Si nous allions manger une bonne soupe à l'oignon à la poissonnerie anglaise ! »

Ce fut à qui ferait honneur à nos dîners; l'administration, comme on appelle tout ce qui touche au ministère, nous témoigna sa bienveillance, et M. Camille Doucet, que *le Figaro* n'avait pas épargné plus que d'autres (au contraire!), vint s'asseoir à notre grande table de la façon la plus aimable et la plus gracieuse.

J'ai dit à la grande table, parce que nous en avions plusieurs. Le premier dîner que nous avions donné était servi sur une seule grande table; or, rien de plus désagréable que d'avoir un voisin qui ne vous plaît pas ou qui ne vous convient pas assez; en causant avec l'autre, on craint d'être impoli; ajoutons que si on ne les connaît pas et qu'ils soient liés ensemble, ils causent par devant vous et vous gênent pendant tout le dîner. Voulez-vous parler avec celui qui vous fait vis-à-vis; comme la table est large, vous êtes obligé de vous égosiller et de lui faire faire toutes les contorsions de tête à l'usage des sourds; il vous fait répéter dix fois une plaisanterie, une remarque sans importance, etc.

Le deuxième dîner fut mieux entendu comme mise en scène; on établit dix ou douze tables; un président fut nommé pour chacune d'elles; il était chargé d'en composer la liste d'invités et l'on faisait en sorte qu'il y eût un convive prié gratis, artiste, peintre ou musicien. Quand arrivait le dessert, ceux qui voulaient dire un mot à Pierre ou à Paul, changeaient de place et allaient s'asseoir à d'autres tables si bon leur semblait.

Le tout, bien entendu, toujours sans cérémonie, car au nombre des articles on en avait inséré un à peu près ainsi conçu : « Tout invité qui sera venu au dîner en cravate blanche sera exclu pour quatre autres dîners ; tout invité proposant de réciter des vers ou de porter un toast, en sera exclu à perpétuité. »

Nous avions défendu la poésie, non pas que les vers nous fissent peur quand ils étaient bons, témoins ceux que j'ai cités de Lambert Thiboust et ceux que nous chanta Roger ; ces derniers étaient écrits par Amédée Rolland, qui depuis est mort fou et qui les avait modestement intitulés : *Chanson*. Cette chanson obtint un grand succès ; elle n'était pas précisément écrite pour les couvents comme on pourra en juger en la lisant, mais son allure, la franchise de ses vers lui firent tout pardonner ; les voici :

LES BOURGUIGNONS

Par un frais sentier qui verdoie
En suivant mes rêves grognons,
Bras dessus dessous, l'âme en joie,
J'ai rencontré trois Bourguignons !

Ils portaient écrit sur leur trogne
Qu'ils avaient noyé leur guignon
Dans un tonneau de vieux bourgogne.
J'ai rencontré trois Bourguignons !

Ils étaient rouges comme braise,
C'étaient trois braves compagnons
Qui chantaient et se pâmaient d'aise.
J'ai rencontré trois Bourguignons!

Passaient par là trois compagnonnes
Avec des fleurs dans leurs chignons,
C'étaient trois belles Bourguignonnes.
Et c'étaient trois beaux Bourguignons!

« Où donc allez-vous sans carrosse,
Bonnets blancs et souliers mignons?
— Nous nous en allons à la noce.
— Vraiment! » firent les Bourguignons.

« Eh bien alors, dansons, les belles,
Sans musique et sans lumignons!
La lune vaut bien les chandelles
Et en avant les Bourguignons! »

Les trois gars n'étaient pas, morguenne!
Venus pour planter des oignons;
Ils avaient si belle dégaîne
En dansant, tous ces Bourguignons!

Les amours au clair de la lune
Poussent comme des champignons :
Chacun embrasse sa chacune
Comme embrassent les Bourguignons!

Ève a croqué plus d'une pomme
(Nous en ramassons les trognons!).
Ils étaient six!... et voilà comme
Le total fut neuf Bourguignons!

Toute la presse s'occupa de nos banquets; les auteurs dramatiques nous rendirent un dîner chez

Véfour ; nous en avons longuement parlé dans *le Figaro* ; nous avons même donné les places des tables, leur composition, et tous les journaux nous consacrèrent au moins un article.

Je retrouve dans *le Monde Illustré*, sous la signature André, les lignes suivantes :

« Le fameux dîner offert par *le Figaro* aux principales plumes militantes de la littérature, a complétement réussi, au double point de vue, et du choix des individualités convoquées, et de leur entente confraternelle. L'initiative est excellente, car, de toutes les professions, celle des lettres est assurément la spécialité où se rencontre regrettablement le plus de désunion. Espérons que, moyennant ce qu'il est permis d'appeler d'autres bases économiques et non prodigues, — l'affaire pourra se fonder parmi les écrivains telle qu'elle existe chez les notaires, les médecins, les avocats, les barbistes et peut-être les barbiers. »

André, c'était Jules Lecomte : le fait est qu'il n'avait pas à se plaindre de la façon dont il avait été reçu par nous.

Auguste Villemot, qui était alors à *l'Indépendance belge*, écrivit en novembre 1857 les paragraphes suivants :

« Les deux dîners les plus retentissants de la quinzaine ont été d'abord celui que M. Millaud a donné en l'honneur de Meyerbeer à une douzaine de feuilletonnistes ; puis, celui qui a été offert par le directeur du *Figaro* à tout l'état-major du journalisme. On aurait lieu de s'étonner, dans le temps de polémique un peu exagérée que nous traversons, que soixante hommes de lettres ayant sérieusement une plume, un journal et chacun une petite botte d'envieux, d'ennemis ou simplement d'*antipathiques*, aient pu se trouver réunis dans le même local sans se dévorer. Cependant, le phénomène s'est accompli, et il a même présenté un spectacle plus fraternel et plus consolant qu'on ne le supposerait.

« Il est vrai que les places avaient été distribuées par M. de Villemessant avec une connaissance profonde du cœur humain en général, et une entente parfaite du cœur de chaque confrère en particulier. Ceux qui sont en bouderie ne se voyaient que de profil ; ceux qui sont en hostilité déclarée ne se voyaient pas du tout. Au surplus, les fermentations généreuses du Laffitte et du Clos-Vougeot ont amené des scènes d'expansion ; — des mains qui s'évitaient se sont retrouvées ; — les aveux de tendre sympathie et de haute estime littéraire ont racheté les emportements de plume où l'on s'était traité réciproquement de bateleur et de marchand d'eau de Cologne. Car lorsqu'on a un homme à *éreinter* tous les jours, les bonnes raisons sont bien vite épuisées et on arrive tout de suite aux mauvaises.

« Là est le sens utile de ces réunions qui se renouvelleront tous les mois, et dont la fondation sera un titre d'honneur pour le journal de Paris qui a tout à la fois le plus à pardonner et à se faire pardonner. Un jour, le verre en main, les journalistes conviendront de devenir entre eux presque aussi polis dans leurs querelles que les chiffonniers dans leur polémique ; on brûlera à la flamme du punch tous les vieux journaux où les hommes de lettres se dénoncent réciproquement à l'univers comme autant de goujats et de truands, et le monde, voyant que les écrivains se respectent, s'avisera peut-être de les respecter. Ainsi soit-il ! »

Il est impossible de faire avec plus de justesse et d'esprit que notre regretté chroniqueur, le procès-verbal de la séance, et de formuler plus nettement la situation déplorable que la politique militante a faite aux journalistes d'aujourd'hui.

⁎⁎⁎

Les lecteurs du *Figaro* ont pu remarquer que tous les ans, vers la même époque, je reparaissais dans le journal avec un nouveau chapitre des *Mémoires d'un Journaliste*. La raison de ce retour est bien simple ; en effet, ce moment de l'année est pour ainsi dire la morte saison pour un journal ; la Chambre est en vacances (comme la France serait heureuse si la Chambre était toujours ainsi!); le grand monde est en villégiature, les théâtres sont fermés, les tribunaux vont devenir déserts, s'ils ne le sont déjà.

Voilà donc l'explication de ma réapparition périodique comme celle de l'hirondelle.

Et puisque j'ai cité l'hirondelle qui aime tant à voyager, il me semble tout naturel, ayant eu l'audace de me comparer à ce fluet oiseau, de parler aussi de mes pérégrinations, de mon excursion à Venise, par exemple.

L'idée de reproduire les impressions que j'ai éprouvées, m'est venue en lisant le récit enthousiaste que vient de faire mon rédacteur, M. Ivan de Wœstyne, de son séjour à Venise, en revenant de Russie.

Bien des fois j'ai songé à dire ce que je pensais de ce voyage, mais je craignais d'apporter une note discordante dans le concert d'admiration que soulève ce mot magique : *Venise!* Comme, après tout, les opinions sont libres, pourquoi ne parlerai-je pas, moi aussi, de la ville des doges? C'est ce que je viens faire aujourd'hui et j'aurai le courage de mon opinion sur cette ville dont on n'ose jamais faire la moindre critique, dans la crainte de paraître indifférent aux beaux-arts.

Depuis quinze ans, tout le monde me disait : — Avez-vous été à Venise? — Comment! vous n'avez pas été à Venise? mais vous ne connaissez pas l'étendue de votre bonheur! Vous allez pouvoir avoir cette première, cette unique impression qui restera éternellement dans votre esprit ; êtes-vous heureux de n'y avoir pas été encore, allez-vous être heureux d'y être, serez-vous heureux d'y avoir été !

Ces assurances de félicité m'ébranlèrent au mois de février dernier. J'étais à Monaco, je n'avais que peu de chemin à faire, deux cents lieues à peine ; ah ! si, comme de mon temps, j'avais eu cela à faire en diligence ! Bref, je fis boucler mes malles et je partis.

On m'objectera que j'avais choisi un mauvais moment pour visiter l'Italie ; à ce propos, je ferai remarquer que lorsque je parlais de partir en automne, on me disait : « Voir l'Italie à la fin de l'année, mais vous n'en aurez aucune idée, vous ne jouirez que des derniers moustiques (les plus redoutables), et d'un paysage ravagé ! Les pays chauds doivent être vus par le soleil ! — Je pars en juillet prochain, dis-je alors à un autre de mes amis. — Mais vous êtes fou ! me répondit-il, vous n'y verrez rien, vous serez cuit ! vous ne pourrez sortir que la nuit, sous peine d'insolations ou de fièvres cérébrales ; il n'y a que l'automne pour bien voir l'Italie ! »

Comme on m'avait absolument dégoûté de ce pays pour l'été et pour l'automne, je résolus de le visiter au printemps.

— Ne faites pas cela ! me dit un autre ami, surtout si vous allez à Rome.

— Non, je vais à Venise.
— Faites-le encore moins !
— Pourquoi ?
— Parce que, sous l'action du soleil de mars, les miasmes qui se forment dans la terre et dans la vase pendant l'hiver, commencent à s'évaporer et se manifestent sous forme de fièvres paludéennes, typhoïdes, choléra, etc... La lagune est impossible à ce moment-là.
— Et si j'y allais en hiver ?
— Ne faites pas cela, vous ne serez pas chauffé, vous manquerez de tout !... Et puis, voir les coupoles de Saint-Marc couvertes de neige, ce serait le comble de la folie !
— Sapristi ! me dis-je, mais c'est bien difficile de visiter l'Italie, si je dois y renoncer au printemps, à l'été, à l'automne et à l'hiver.

La véritable saison, c'était donc celle qui n'en était pas une, et comme la fin de février, entre l'hiver et le printemps, semblait assez bien répondre à ce moment de l'année, je pris avec plaisir la fin de février et le commencement de mars pour effectuer mon voyage.

Je me mis donc en route, ayant pour compagnons mon secrétaire et collaborateur Périvier, et mon vieux camarade Dollingen.

En faisant cette excursion, mon projet était de partir pour ainsi dire à la découverte, à l'intention de mon petit-fils; je comptais lui faire faire un jour ce voyage avec moi, et je me préparais à être ainsi pour lui un excellent cicerone.

Au moment de mon retour, je lui écrivis, au triple galop, une lettre contenant mes principales impressions, toutes fraîches, sincères, et comptant bien y retrouver plus tard quelque note utile, je lui recommandai de me la garder.

C'est cette lettre que je reproduis aujourd'hui, sans y changer un *iota*, en demandant la permission au lecteur de lui laisser son allure intime et sans façons.

« Mercredi.

« Mon cher Pierre,

« J'arrive, j'ai fait mon voyage de Monaco à Gênes, Milan et Venise en *cinq* jours et je vais te dire (avec la franchise d'un vieux militaire... que je n'ai jamais été) pourquoi j'ai fait si lestement autant de chemin.

« Commençons par parler de mon départ :

« J'étais, je l'avoue, un peu craintif en pensant à la longueur du trajet que je savais avoir à parcourir ; mais je me sentais de plus en plus désireux de voir enfin Venise, le palais des doges, le pont des Soupirs, le Rialto, la place Saint-Marc, les gondoles et les gondoliers, le costume pittoresque des habitants, tout, jusqu'à ces dix mille pigeons qui viennent, au son d'une horloge, à deux heures précises, manger à vos pieds et dans votre main; je brûlais du désir de voir cette ville construite sur l'eau, cette ville où ne circulent ni chevaux ni voitures, cette ville que tous les poëtes ont si souvent chantée et chanteront si longtemps encore.

« Ma première étape fut Gênes. — C'est une cité absolument repoussante de malpropreté; les maisons, d'un aspect passable, sont toutes peintes en rouge, vert, abricot ou bleu, ou chamarrées; invariablement, on y voit du linge suspendu qui sèche, et certes, cela ne peut pas être par ostentation qu'ils l'étalent ainsi: quel linge, *mon Empereur!*

« Les deux tiers des maisons tombent en ruines; jamais je n'ai vu une ville présenter un aspect aussi misérable; involontairement je me suis rappelé le mot d'Odry: « On voit bien que les habitants de ce pays-là « sont dans l'*État de Gênes!* »

« Je suis descendu dans le meilleur hôtel, on me l'a dit du moins. Quel lit! en zinc! quels oreillers, de véritable pupitres! un couvre-pied, des couvertures d'une pesanteur horrible; je ne pouvais me retourner dessous; ajoute à cela que le lit avait juste la largeur de mon corps, et qu'il était indispensable de ne pas dormir pour être sûr de ne pas rouler par terre; il est vrai que la dureté de la couche se chargeait du soin de me tenir éveillé.

« Le lendemain de cette pénible nuit, j'avais un horrible torticolis, une sorte de glande au cou. Doux et touchant souvenir!

« J'y pense maintenant; si j'avais été un grand romancier comme mon excellent ami Xavier de Montépin, c'est-à-dire un écrivain de talent consacré par le succès, j'aurais dû commencer ainsi ma narration, à la façon des romanciers; « Dans la nuit du 26 au 27 fé-
« vrier 1877, à trois cent dix-huit lieues de distance,
« deux hommes veillaient pour des raisons bien dif-
« férentes; tous deux étaient livrés à de cruelles souf-
« frances, à de terribles déceptions, à d'immenses
« tortures. Qu'on nous permette, usant de ce privilége
« accordé aux romanciers, de faire pénétrer le lecteur
« auprès de ces deux infortunés.

« L'un d'eux était Godefroy, qui venait d'être con-
« damné à dix ans de travaux forcés et devant les
« yeux duquel défilaient les souvenirs de ses jours
« heureux, du regrettable passé, et les angoisses d'un
« terrible avenir.

« L'autre, plus à plaindre encore, car il s'était bien
« volontairement précipité dans le gouffre, était un
« personnage jouissant d'une certaine célébrité et dont
« la vie a été diablement bruyante et suffisamment
« agitée; il s'appelait Jean-Hippolyte de Villemessant,
« et méritait bien le supplice qu'il endurait, puisqu'il
« lui était si facile de rester à Monaco, où il avait laissé

« un beau soleil, un jardin embaumé de fleurs et des
« orangers couverts de pommes d'or du jardin des
« Hespérides ! (Tu vois que n'oubliant pas que j'écris à
un lycéen, je me mets en frais de style !)

« Le malheureux se disait dans son insomnie : J'ai
« mérité tout ce qui m'arrive, mais je le jure sur les
« cendres de Trochu (qui, lui, malgré ses promesses et
« ses grands discours, a eu le bon esprit de ne pas
« sortir !), si jamais je reviens de ce voyage, jamais on
« ne me fera courir ainsi les auberges et les grands
« chemins ! »

« Et je te garantis que monsieur ton grand-père tiendra son serment.

« Le lendemain matin de cette horrible nuit, comme mes compagnons de voyage, beaucoup plus ardents que moi, avaient été, dès le grand matin, visiter la ville, j'allai déjeuner seul dans un restaurant d'assez bonne apparence. Voici le menu de mon repas :

« Du riz dans de l'eau chaude, pas même grasse, la graisse était sur la nappe ; ce riz n'était pas cuit et pourrait avantageusement remplacer les grains de plomb qui servent à rincer les bouteilles, si jamais, par impossible, il venait aux Génois l'idée de les laver ; dans cet infâme brouet nageaient de grandes feuilles longues et étroites qui essayaient vainement de lui donner l'air d'une julienne. On me servit ensuite des rognons de bœuf pas cuits, rouges dedans mais cependant calcinés au dehors. Pour m'aider à avaler cette horreur, j'ai demandé de la moutarde. Le petit domestique m'a répondu (je jure que je n'invente rien) que ce n'était pas la saison !

« Sur mon cri d'étonnement, le maître intervint et ordonna à ce garçon d'aller me chercher de la moutarde. J'attendis ; au bout de quelques minutes, le petit bonhomme revint, rouge comme une tomate, en déclarant qu'il *n'en avait pas trouvé !*

« Je demandai alors une salade avec des œufs durs ; on m'apporta des œufs ni mollets ni durs, ce que nous appelons des œufs capucins ; quant à la salade, elle était composée de grandes feuilles ayant un petit navet au bout (ne pas croire que c'étaient des raiponces), dont je n'ai jamais pu savoir le nom ; l'huile, tu la sens d'ici, n'est-ce pas ?

Je dois reconnaître que le prix de tout cela était insignifiant. J'ai donné 50 centimes de pourboire au petit garçon, qui, peu habitué à de semblables largesses, a cru que je plaisantais ; ses yeux noirs étincelaient de joie.

« Enfin, je quitte Gênes et j'arrive à Milan.

« Par une singulière ironie du sort, je trouvai en wagon, moi qui venais de si mal me nourrir, un des associés de la maison Joret, le centre de toutes les primeurs, de tous les comestibles de haut goût de Paris.

« Nous parlâmes de nos mésaventures, et la conversation fournit à ce nouveau compagnon de voyage l'anecdote suivante :

« Le prince Demidoff, qui était un gourmet de première force, se fournissait toujours chez Joret; c'est là que M. de Rothschild, passant un jour d'hiver, aperçut un panier de raisins merveilleux :

« — Combien ce raisin ? demanda-t-il.

« — Cinq cents francs.

« — Combien y a-t-il de livres ?

« — Cinq.

« — Et combien y a-t-il de grains ?

« — Je ne sais pas, lui répondit-on.

« — C'est beaucoup trop cher pour moi, fit l'homme le plus riche du monde, et il partit.

« Un instant après, un Anglais passa qui acheta le raisin et le fit porter chez lui.

« Quant au prince Demidoff, dont je viens de citer le nom, il était encore moins regardant que cet Anglais qui y regardait si peu, puisqu'il achetait à de bien autres prix les premières fraises de l'année ; l'usage qu'il en faisait mérite d'être signalé à la postérité : après en avoir mangé, il écrasait le reste et, du jus qu'il en exprimait, il se lavait les mains et la figure !

« Malgré cet exemple princier, j'avoue, et j'espère que tu penses comme moi, que l'eau pure est bien préférable pour la toilette.

« Décidé à passer une moins mauvaise nuit que la précédente, j'ai pris une précaution avant de me coucher. J'ai fait attacher deux petits lits de fer ensemble, par le haut et par le bas, pour éviter un fatal écartement qui m'aurait mis, comme dit le proverbe : *entre deux selles!* Puis, comme il ne fallait pas espérer même un soupçon d'oreiller, j'ai plié une couverture et je l'ai entourée d'une serviette qualifiée du titre pompeux de drap. Tout cela n'empêchait pas nos matelas d'être doux comme du beau marbre de ce magnifique pays ; mais enfin le lendemain je n'étais que courbaturé.

Il y a quatre ou cinq lustres (parlons un peu comme nos pères !) qu'on me rabâche avec exaltation : — O mon ami ! il ne faut pas, on ne doit pas mourir sans avoir vu le théâtre de la *Scala !* Quelle immense salle ! quel public ! Chaque grande famille de Milan y a sa loge ; on y prend son thé dans de charmants salons, puis on revient sur le devant de la loge pour entendre les morceaux à effet ! et quels chanteurs !

« Je suis allé à la Scala, mon cher Pierre !

« Pour parler de l'entrée, je déclare que j'aurais pu passer dix fois devant la façade sans deviner qu'il y avait un théâtre derrière. On voit mieux Séraphin chez nous, et puis il y a au moins devant la porte un homme qui crie : « Entrez voir les ombres chinoises ! »

« On nous fait passer par des couloirs obscurs, malpropres naturellement; nous arrivons dans la salle; elle est fort grande, dépourvue de pourtours et composée de cinq rangs de loges; tout y est absolument fané. Chaque propriétaire de loge a le droit de la décorer comme il lui plaît; pas une n'est élégante; quelques bouts d'indienne, de fausse tapisserie ou un vieux rideau rouge, voilà tout ce qui constitue l'élégant ameublement dont m'ont tant parlé des voyageurs qui, très-probablement, ne l'avaient jamais vu; pour moi, avec leurs friperies à bon marché, ces loges ont tout l'air des boutiques de l'ancien Temple.

« J'ajouterai que la salle est à peine éclairée; devant chacune des loges est un candélabre en bronze à six branches; jamais on ne l'allume; si cette fantaisie venait au directeur, il paraît que tout le monde mourrait de chaleur, et on ne se paye ce genre de cuisson que dans les grandes occasions.

« La loge du roi est placée de face; elle a assez bon air. Quant aux chanteurs, on me fera bien plaisir en ne m'en parlant jamais.

« Le ténor seul avait de la voix; mais il est jeune et fera bien d'apprendre à chanter. On jouait *les Hugue-*

nots, agrémentés d'arrangements; par exemple : on passe le deuxième acte ; on en garde cependant quelque chose qu'on glisse dans le troisième ; on coupe la moitié des récitatifs dans le quatrième acte; quant au cinquième, on ne le joue pas du tout !

« J'arrive aux seigneurs de la cour ! ! Non jamais on ne se figurera de semblables gentilshommes. Celui qui dit :

> Et pour te le prouver, vide avec moi ce verre !

c'était, à s'y méprendre, X..., notre vieux porteur de journaux.

« Le ballet était beau, mais ne comptait pas, à lui tout seul, moins de cinq actes. Les danseurs se prenaient tout à fait au sérieux ; le public lui-même est de leur avis ; on les rappelle, on les *bisse*. La danseuse n'allait pas mal, elle était servie par un excellent embonpoint et par quarante ou quarante-cinq années de consciencieuses études.

« Et voilà le fameux théâtre de la *Scala* !

« Ah ! par exemple, le *Dôme* est magnifique ; c'est une cathédrale plus grande que celle de Paris, construite tout en marbre blanc ; elle se passera aisément de mes suffrages.

« Dans le milieu de la ville, entre la Scala et le Dôme, se trouve un immense passage qui porte le nom de Victor-Emmanuel ; il est construit en étoile, c'est-à-dire qu'il y a un rond-point et quatre galeries qui en partent ; l'élévation de ces passages vitrés est gigantesque ; ils sont ornés de statues dans le haut et peuplés de boutiques dans le bas ; parmi les statues, j'ai remarqué celles de Cavour, Dante, Charles-Albert, Massimo d'Azeglio, Manzoni, Manin, etc., etc. Il est indispensable, par exemple, de visiter les galeries Victor-Emmanuel dans le jour ; à la nuit on n'y voit rien du tout : le centre est illuminé et est si élevé que sa lueur, dit-on, peut se distinguer à Turin, de la Superga, par les belles nuits. Toujours est-il que lorsqu'on est à Milan il faut se contenter de voir le haut assez bien éclairé, mais le bas perdu dans une complète obscurité.

« Comme je ne voulais pas partir de là sans avoir emporté ce qu'on appelle un souvenir, j'entrai dans une boutique. C'était celle d'une marchande de lingerie, dentelles, etc., je lui achetai quelques mouchoirs sur lesquels sont assez habilement brodés de petits personnages. Mes emplettes terminées, je demandai à la marchande pourquoi il ne faisait pas plus clair dans les galeries Victor-Emmanuel :

« — Oh ! monsieur, me dit-elle, c'est par économie et peut-être aussi par misère.

« — C'est fâcheux, lui dis-je, parce que j'aurais voulu

juger de l'effet dès ce soir; j'en serai quitte pour attendre jusqu'à demain.

« — Comment, monsieur? me fit-elle avec étonnement, on illuminera demain?

« — Sans doute, continuai-je avec le plus grand sang-froid, nous devons faire construire à Paris des galeries exactement semblables à celles-ci ; elles iront de la rue Drouot au boulevard Haussmann ; naturellement, je dois juger de l'effet de l'éclairage ; il faut bien le dire, cela ne sera pas pour rien !

« — Je le crois bien, monsieur !

« — Cela me coûtera au moins 1,500 francs, mais, au moins, j'en aurai le cœur net.

« — Vers quelle heure, monsieur ?

« — A huit heures et demie précises!

« — Oh ! par exemple, fit la marchande, qui n'y tenait plus de joie, je vais inviter ma sœur et mon beau-frère !

« — Vous pouvez aussi le dire à vos voisins, lui dis-je avec l'air d'un homme qui en accorde un peu plus qu'on ne lui en demande.

« Puis je rentrai chez moi.

« Le lendemain, à huit heures et demie, mes deux compagnons de voyage passaient exprès par les galeries Victor-Emmanuel; la plupart des boutiquiers étaient sur leurs portes; un groupe considérable stationnait devant le restaurant *Biffi* : une famille d'une douzaine de personnes était installée à l'entrée de la boutique de ma marchande de mouchoirs; je me gardai bien d'aller ce soir-là dans les fameuses galeries pour voir si le luminaire était suffisant.

« Encore un mot sur ce magnifique passage :
Si j'avais un conseil à donner à ceux qui sont pressés de réaliser un parent à héritage, je leur dirais : « Prenez votre parent, emmenez-le à Milan par un « temps bien chaud, faites-le courir par la ville jusqu'à « transpiration; allez au rond-point des galeries Victor-« Emmanuel; faites-lui examiner en détail les statues qui « l'ornent, au milieu du souffle des quatre vents, lais-« sez l'y bien chaud et héritez... quand il sera froid! » Si je faisais jamais le *Manuel de l'héritier*, je ne manquerais pas d'y introduire cette prescription dont la formule rappelle assez bien celle de la *Cuisinière bourgeoise*. Tu constateras, quand tu feras ton droit, que ce mode d'assassinat n'est pas prévu par le Code.

« Enfin, nous partons pour Venise, *Venezia la bella !* J'ai fait retenir un appartement dans un très-bon hôtel, par dépêche télégraphique. Nous roulons. Vers le soir, le train s'arrête; il paraît que nous sommes arrivés. En sortant de la gare du chemin de fer, nous descendons quelques marches; il tombe une pluie glaciale; on me fourre dans une sorte de réduit, de niche à chien qui est au milieu de la barque; j'y entre avec beaucoup de peine et une certaine inquiétude en pensant que cette niche est juste de ma dimension, et que si je mangeais seulement un biscuit en chemin, je n'en pourrais plus sortir.

« Je regrette beaucoup d'être arrivé la nuit à Venise, qui, en résumé, était le but de mon voyage. Enfin, je m'entends glisser sur l'eau, nous partons; tout d'abord, je sens une fort mauvaise odeur : c'est le parfum de la lagune ; cet âne de Dollingen éclate de rire en constatant que nous sommes dans une barque de charbonnier ; la niche où je suis est couverte d'une étoffe de deuil; c'est, paraît-il, une loi faite après une peste qui avait emporté une partie des habitants ; il a été ordonné que toutes les gondoles devaient être noires ; on me donne d'autres raisons qui sont peut-être les bonnes, mais que je n'ai pas écoutées; ce que je sais bien, par exemple, c'est qu'on m'avait affirmé que rien n'était aussi pittoresque que la vue de toutes ces élégantes gondoles, conduites par des gondoliers chantant des airs nationaux et vêtus d'habits pleins de caractère. Au lieu de cela, je me trouve avec deux croque-morts qui rament sur une barque noire !

« Nous tournons je ne sais combien de rues et nous entrons dans une d'elles, beaucoup plus étroite, mais infiniment plus puante que les autres. Je risque un œil pour voir où nous sommes; rien ne te peindra mieux le paysage que la première pensée qui me vint ; je m'écriai : « — Mais c'est Blois inondé! » En effet, pour qui a vu autrefois notre rue de la Foulerie au moment des inondations, l'impression est exactement la même.

« Enfin nous sommes arrivés; nous descendons à l'hôtel; on me conduit à mon appartement. « Maintenant, me dis-je, que je suis dans le pays des raretés, des meubles élégants des époques passées, des bibelots précieux, examinons mon logement ! »

« Je fais consciencieusement l'inventaire ; il y a pour environ 75 francs de meubles de différentes familles dans *mon salon* ; une cheminée sans chenets — ils sont remplacés par une petite construction en briques ; — afin de ne pas être obligé de mettre une pendule sur cette cheminée le propriétaire a posé une glace (de Venise !) qui vaut bien douze francs, sur une planchette large de trois doigts remplaçant le chambranle. Je cours à mon lit, je le regarde, je le tâte; il est en tout point pareil à ceux dans lesquels je viens de coucher.

Il fait un froid de loup, je pense à mon paletot d'hiver quand, tout à coup, j'entends pincer de la guitare sous ma fenêtre. Enfin, me dis-je, voilà donc de la couleur locale! — J'adore la guitare, je l'ai, sans modestie, pratiquée avec succès; c'était donc non-seulement l'Italie, mais ma jeunesse, qui venait me donner un concert sous mon balcon. J'étais ravi, bien qu'on jouât très-faux et qu'on grattât la note au lieu de pincer, mais c'était pour moi un commencement. Je me disais : Ils jouent mal aujourd'hui parce qu'ils ont froid, mais demain ils auront leur incomparable soleil et ils joueront plus juste. On m'appelle à table, sur ces réflexions.

« Nous dînons ; je te passe le menu cette fois. Mes compagnons sont tout feu tout flamme, ils ne parlent que de ces nuits vénitiennes adorables, ces nuits embaumées, pendant lesquelles on ne se couche pas, ébloui par un ciel qui ne ressemble à aucun autre ; ils partent dès leur dernière bouchée pour finir la soirée dans un de ces splendides cafés dont on nous a tant parlé.

« Moi *fin*, comme dit ce grand égoïste de S... que tu connais si bien, je les laisse aller et je me retire sur mon grabat, pendant qu'ils vont voir comment :

> Venise étincelle,
> La nuit de toutes parts !

ainsi qu'on chante dans *Haydée*. Une heure après mes enthousiastes gaillards reviennent à l'hôtel, ils sont beaucoup plus calmes. Sur le légendaire quai des Esclavons ils n'ont aperçu que plusieurs *roupillards* qui dormaient appuyés sur quelques petites tables, pendant que d'autres prenaient le fameux verre d'eau fraîche qu'on vous offre partout gratis; la nuit était d'ailleurs fort obscure; on n'y voyait goutte sous prétexte que le gaz était en réparations.

« Ils se sont cependant installés à un café; ils ont remarqué entre autres curiosités que les bocks qu'ils ont pris étaient entourés d'une petite armature de métal et ressemblaient assez bien à des veilleuses. En parcourant les rues, ils ont entendu jouer du piano dans une maison au quatrième étage; pensant qu'il y avait bal, ils sont montés et qu'ont-ils vu dans la ville de Marino Faliero? un skating-rink! et dans ce skating-rink, mon hôtelier qui patinait, pensant sans doute à la glissade qu'il allait faire faire à mes écus.

« — Mais que pensez-vous de Venise? dis-je à Périvier.

« — Oh! c'est beau!

« — Peut-être un peu triste! ajouta Dollingen.

« Je me dresse alors sur mon séant et je leur fais part d'une sorte de doute qui vient de me traverser l'esprit : — Est-ce que par hasard Venise serait aussi une infâme blague?

« Ils essaient une timide protestation; je remarque leur tiédeur à défendre Venise, et l'affreux doute en question s'installe encore plus solidement dans ma cervelle.

« Décidé à être fixé sur un point aussi important, je

fais venir le lendemain matin une gondole armée de deux gondoliers et d'un guide réputé comme un véritable savant. Tout d'abord nous descendons un grand canal bordé de palais fort sales et mal entretenus ; la pluie, l'humidité y ont laissé de longues traces qui en ont enlevé inégalement la couleur, on dirait de femmes au lendemain matin d'un bal : le rouge, le noir ont coulé sur leur visage, elles sont fatiguées, fripées, et il est bien difficile de reconstituer en les regardant leurs toilettes et leur fraîcheur ; en un mot, on peut répéter de ces palais, comme de ces dames, ce que disait un gavroche : *Il a plu sur leur mercerie.*

« Mon guide, infatigable, ne me laisse aucun repos ; il faut qu'il me désigne par leur nom tous les soi-disant palais devant lesquels nous passons : les palais Giustiniani, Contarini, Foscari, Barbarigo, Cornaro, qui, par parenthèse, est devenu un Mont-de-Piété, etc., y défilent tous ; ce que je remarque, c'est que la Taglioni en a acheté une collection. Chemin faisant, on me montre le palais Cavalli, habité par la duchesse de Berry, alors qu'il appartenait à M. le comte de Chambord ; pendant que mon guide continuait à parler, je pensais à cette bonne, aimable et excellente duchesse, et je me rappelais une anecdote qui prendra place prochainement dans ces notes.

« Mais mon guide voulait être écouté, il me racontait

toute l'histoire de Venise depuis son origine jusqu'à nos jours; Marino Faliero, Cornaro, Dandolo, le Conseil des Dix, tout y passait; pour mieux me tenir et me fermer la bouche, le bourreau ne manquait pas d'escorter ses oiseux renseignements de ces formules plates et polies qui flattent toujours : — « Monsieur se rappelle « que c'est en 1420 que la province de Frioul fut ajou- « tée aux possessions de la République. Monsieur sait « mieux que moi que la bataille de Lépante, etc., etc.; « je n'apprendrai rien à monsieur en lui disant que ce « palais fut construit en 1522, etc., etc. »

« On sait que tout cela est un formulaire tout fait, mais on ne peut s'empêcher de baisser de temps en temps la tête pour avoir l'air de dire : Effectivement, je sais cela! je connais cela dès l'enfance; vous avez raison, je suis blasé là-dessus!... et insensiblement, on finit par se prendre en profond mépris et à rougir intimement de son ignorance.

« Il ne faut, du reste, pas s'exagérer non plus la conscience de messieurs les guides, témoin l'anecdote suivante que me contèrent mes compagnons de voyage :

« Pendant qu'ils visitaient le palais ducal, accompagnés de leur cicerone, vint dans la galerie un autre guide, conduisant deux jeunes mariés, tous deux fort petits et représentant peu; leur cicerone les traitait en conséquence, et, par amour-propre, tenait à bien le prouver à son confrère; il ne donnait à ses voyageurs que les renseignements les plus erronés; il prêtait les mœurs les plus singulières aux membres du Conseil des Dix, et baptisait les doges des noms les plus fantaisistes. Arrivé devant un tableau de Paul Véronèse, il termina ainsi son explication : — Cette incomparable peinture est due au grand maître *John Held !*

« Les deux mariés regardèrent le tableau sans étonnement.

« Or, *John Held*, c'était tout simplement le guide qui accompagnait Dollingen et Périvier !

« De cette revue de tous ces célèbres palais, dont plus des trois quarts sont fermés, et qui, j'en conviens, ont dû être fort beaux autrefois, il m'est resté cette impression, que Venise était une ville qu'il fallait voir en fermant les yeux et en se faisant lire le beau livre de Théophile Gautier; tout Venise est dans le passé, elle n'est plus rien présentement; il est bien vraisemblable que tous ces palais renferment, comme me le disait mon guide, de beaux tableaux, de remarquables fresques, mais comme je ne me déplace pas facilement et que j'aime peu à monter les escaliers, tout cela est resté lettre morte pour moi.

« Mon guide, toujours désireux de me montrer les beautés de la ville, m'a conduit, sans cesser de parler, d'abord au *Pont des Soupirs* puis à l'*Arsenal* ; j'ai aperçu de loin deux lions de marbre en faction à la porte, cela m'a effrayé et j'ai encore refusé de descendre de ma gondole ; en vain pour me séduire, me promettait-il de me faire voir des instruments de torture bêtement féroces, tels, par exemple, qu'une clé qu'on donnait à un condamné en le priant d'ouvrir une porte et qui par un ressort lui piquait la main d'une pointe empoisonnée, etc., rien n'a pu m'ébranler.

« Un vieux marin, pour me décider, est venu me proposer de m'appuyer sur son bras en me disant qu'en pareille circonstance il avait rendu le même service à Napoléon Ier ; ma vanité n'a pas même été touchée ; j'ai donné une pièce de monnaie à ce brave homme, qui paraît avoir au plus une centaine d'années, et j'ai prié mes gondoliers de tourner leur proue vers d'autres rivages.

« Mon guide leur a dit quelques mots en italien, et nous avons recommencé à glisser sur l'eau sale ; peu à peu, cependant, le canal s'est élargi et nous nous sommes trouvés dans une sorte de bras de mer, naviguant vers un îlot où poussent quelques arbres. La gondole s'arrêta et mon guide me dit sérieusement, presque sévèrement : — Ici, il faut descendre !

« Comme, en effet, il n'y avait que peu de chose à faire pour descendre de la gondole, et qu'on touchait le sol immédiatement de plain-pied, je me trouvai à terre sans trop d'efforts.

« — Où sommes-nous? demandai-je à mon cicerone.

« — C'est le cimetière, me répondit-il.

« Je me contentai de cette réponse, tout en pensant qu'il aurait bien pu choisir quelque promenade plus gaie que celle-là. — Bah! me dis-je, j'en serai quitte pour voir de vieux monuments, de merveilleuses sculptures de la Renaissance ; entrons!

« Nous entrâmes, en effet, mais quel ne fut pas mon étonnement de me trouver dans une sorte de champ dépourvu d'arbres et couvert de tombes à peu près pareilles à celles de nos fosses communes ; tous les grands personnages de l'antique Venise sont inhumés dans les églises, et ceux de la Venise moderne, comme Manin et bien d'autres aussi.

« Néanmoins mon guide me faisait marcher avec assez d'ardeur.

« — Est-ce que vous avez un but? lui demandai-je.

« — Oui, monsieur!

« — En ce cas, allons!

« Pendant le temps de cette longue course, je ne vis vraiment rien qui pût motiver ma descente dans l'île. Enfin, mon guide s'arrêta devant une tombe et je compris que c'était là l'intérêt de notre excursion ; il tira un petit couteau de sa poche et se mit tranquillement à tailler une sorte d'acacia qui poussait derrière un petit mausolée en pierre ; puis lisant un point d'interrogation dans mes yeux :

« — C'est, fit-il avec un aimable sourire, c'est la tombe de ma sœur ! j'y viens rarement, il me faut des occasions comme celle-ci.

« J'étais intérieurement furieux de m'être dérangé pour assister à ce jardinage fraternel.

« — Mais, lui dis-je, n'y a-t-il rien de plus curieux ici ?

« — Oh si, monsieur, vous allez voir !

« Puis, quand il eut fermé son couteau, il se recula comme un peintre qui regarde l'effet d'un coup de pinceau sur son tableau, pencha la tête, puis la releva, puis enfin rouvrit son eustache, coupa encore une branche et me dit :

« — Partons maintenant !

« La course recommença ; je ne voyais poindre nulle part de monument, de pyramide qui annonçât la curiosité promise ; j'allais m'emporter quand mon guide me pria de m'arrêter devant une pierre tombale qui était presque sous mes pieds.

« — Lisez ! me dit-il.

« Je lus ce mot : *Marseille*.

« — Eh bien ! lui dis-je, pourquoi ce nom ?

« — C'est, me répondit-il avec une grande douceur, le nom d'un maître d'hôtel d'ici.

« — Et après ?

« — Il est mort !

« — Je le vois bien ! il ne se serait pas fait enterrer sans cela ! mais quel intérêt a cette tombe pour le voyageur ?

« — M. Marseille, me répondit-il, avec un accent où perçait un certain orgueil, M. Marseille appartenait à une grande famille de lutteurs et d'hôteliers, de plus il était un de mes amis !

« Je n'avais rien à répondre à cela. Je remontai en gondole et nous repartîmes pour Venise ; cette course bien inutile m'avait pris plus de deux heures de ma matinée !

« J'avais fait cette excursion sans mes deux compagnons de voyage ; comme elle m'avait creusé l'estomac, je me fis conduire au légendaire café Florian pour y déjeuner : on y est bien traité, et tout serait pour le mieux si les tables en marbre blanc et tournantes n'étaient beaucoup trop hautes.

« En sortant de là, j'aperçus sur la place Saint-Marc les fameux pigeons gris ardoise dont on m'avait tant parlé. Quelques grains de maïs leur font faire mille platitudes : jamais je ne me déciderai à estimer ces oiseaux-là !

« Cette place Saint-Marc, où ils viennent prendre

leurs repas, rappelle absolument notre Palais-Royal, moins les arbres ; ce sont les mêmes arcades, les mêmes boutiques, à cela près que le commerce y est infiniment moins riche et que les bijoutiers y étalent moins de diamants que les nôtres ; en revanche, les marchands de photographies, de verre filé, de glaces, de filigranes, de coquillages, de modèles de petites gondoles, etc., y pullulent.

« Là, mes espérances furent encore déçues ; j'espérais voir se promener la haute société vénitienne parée des magnifiques vêtements que l'on sait ; au lieu de ce spectacle, je n'ai vu qu'un amas de gens de toutes sortes qu'on aurait crus habillés à une Belle Jardinière en guenilles.

« J'ai cherché dans les boutiques quelque chose à vous offrir ; j'ai trouvé des objets en cuir de chez Klein et j'ai eu grand'peine à dépenser 200 francs pour vous rapporter un souvenir.

« Une fois ma journée passée, je suis retourné à l'hôtel bien las, bien fatigué et ayant encore dans les oreilles la voix de mon guide me disant : « C'était en « telle année... Monsieur sait bien... Monsieur se rap- « pelle... Monsieur sait mieux que moi, etc., etc. »

« Rentré dans ma chambre, je me suis mis à réfléchir. On doit comprendre que j'ai eu un assez grand nombre de soucis dans ma vie; j'ai beaucoup étudié la manière de les traiter et voici comment je procédais autrefois, quand ils se donnaient rendez-vous dans ma cervelle. J'indique la méthode suivante à ceux qui tiennent à se débarrasser de leurs tourments, je l'ai expérimentée maintes fois et toujours avec succès :

« Je commençais par faire mentalement le total de mes préoccupations, puis je les représentais par un objet matériel, un certain nombre de pains à cacheter, par exemple, que je rangeais devant moi; le premier pain à cacheter symbolisait une poursuite importante, le second un papier timbré plus ou moins pressé, celui-ci un créancier turbulent, celui-là un projet à réaliser, etc., etc.; je plaçais chacun de mes soucis et de mes pains à cacheter par rang de taille; naturellement, il y en avait un moins pressé que les autres, je le faisais disparaître, puis un autre, et une fois mon cerveau ainsi débarrassé, je n'avais plus qu'une préoccupation, un souci devant moi, le plus important et le plus pressé.

« A celui-là, par exemple, je disais : « A nous deux! » je le prenais corps à corps; je ne m'occupais que de lui; je mettais toute mon activité à m'en débarrasser; quand il était vaincu, je passais à un autre, et ainsi de suite; comme Horace avec les Curiaces, je ne voulais combattre mes ennemis qu'un à un, et ne pas les avoir contre moi tous à la fois.

« A Venise, rentré à mon hôtel, je me mis devant la glace de ma chambre, de même que Prevost-Paradol avant de se faire sauter la cervelle, et je me dis : Il s'agit maintenant de débrouiller ma situation et de bien savoir ce que je pense ; me voilà à quatre cents lieues de chez moi ; je me trouve ici avec des compagnons de voyage qui ont des jambes de cerf, qui sont décidés à s'amuser quand même, et aussi curieux de tout voir que je le suis peu ; si on me proposait un million par jour pour demeurer dans un palais de *Venezia la bella,* je regarderais cette proposition comme une injure ; donc, je me trouve mieux chez moi, donc je m'ennuie ici ; ayons le courage de mon opinion !

« Aussitôt je priai ces messieurs de venir et je leur montrai ma valise que l'on bouclait. J'arrêtai leurs protestations dès le premier geste. — Messieurs, leur dis-je, pas un mot de plus, je retourne en France sans débrider. J'ai vu Gênes, Milan, Venise, certes, je ne suis pas à plaindre.

« Je sais bien que je trouverai des gens pour me dire : Il fallait aller dans les palais voir les tableaux, les tapisseries, les meubles ; à ceux-là je répondrai : — Vous avez parfaitement raison, mais un voyageur qui va à Paris et qui n'a pas le temps de visiter les Musées, le Louvre, le Luxembourg, les Gobelins, le Tombeau de l'Empereur, le musée Carnavalet, celui de Cluny, etc., qui n'est monté ni sur les tours de Notre-Dame, ni sur l'Arc de Triomphe, n'emporte pas moins une rude idée de Paris. Mon opinion est faite, je me retire; soyez heureux, montez sur les campaniles, descendez dans les caves du Conseil des Dix, prenez des courbatures dans ces mille petites rues, des rhumes de cerveau dans la lagune, moi je pars, bien persuadé que ce n'est pas celui qui s'en va, mais ceux qui restent qu'il faut plaindre!

« Voilà, mon cher enfant, quel fut le discours de ton grand-père avant de monter dans le train béni qui devait le ramener en France. Je te l'envoie sans le relire fais-moi le plaisir de garder cette longue lettre, j'y prendrai peut-être quelques notes, par paresse, pour mes *Mémoires d'un Journaliste;* en tout cas, si tu me trouvais jamais d'humeur voyageuse, tu n'aurais qu'à me montrer ma lettre, mes malles se déboucleraient d'elles-mêmes. Entre nous, comme je me défie de moi, je puis bien te le dire, j'ai fait adapter à ma valise une petite musique mécanique; si un jour l'idée de la soulever seulement me passait par l'esprit, à l'instant même elle me jouerait ce bon et instructif refrain :

> Où peut-on être mieux
> Qu'au sein de sa famille!

« Je t'embrasse vite,

« H. DE VILLEMESSANT. »

✱✱✱

En relisant cette lettre, qui résume absolument mes impressions de voyage en Italie, je trouve une phrase qui éveille en moi tout un monde de souvenirs; je me rappelle que je fus assez impressionné quand mon guide me fit remarquer que nous passions sous le *pont des Soupirs* et me montra des soupiraux à fleur d'eau et munis de grilles grosses comme le bras. — Ce sont, me dit-il, les prisons du Conseil des Dix. A ce mot de prison, j'ouvris l'oreille et aussitôt je me rappelai que moi aussi j'avais eu mes prisons, *mie prigioni* (j'ai appris l'italien à Venise), moins dures peut-être que celles du Conseil des Dix, et mon affection pour les Bourbons y était bien pour quelque chose; témoin l'aventure suivante que je vais raconter sans préambule et qui fut une des grandes émotions de ma vie.

Comme je l'ai déjà dit, je venais de fonder *la Chronique de Paris* et les amendes et les procès m'avaient déjà donné comme un avant-goût des poursuites que je devais subir sous l'Empire. Je demeurais à cette époque au n° 92 de la rue Richelieu.

Une nuit que j'étais rentré assez tard (je revenais d'un bal), vers deux heures du matin, j'entendis sonner à ma porte. Je demandai, en me levant, à ma femme, s'il y avait un médecin dans la maison. — Non ! me répondit-elle. — Eh bien, lui dis-je, sachant bien que l'administration me poursuivait par tous les moyens possibles, ce ne peut être que la police, on vient m'arrêter.

Et comme madame de Villemessant allait me demander la cause de cette arrestation :

— J'ignore pourquoi on vient, ajoutai-je vivement, mais rappelle-toi bien ceci : je ne suis dans aucune espèce de conspiration ; je ne suis compromis en aucune façon, par conséquent, si je suis mis en état d'arrestation, emprisonné même, ne t'effraie pas et surtout ne fais aucune démarche.

Et j'allai à la porte.

— Qui est là ? demandai-je.

— Ami ! Frêne ! me fut-il répondu.

Frêne était le nom du commissaire de police du quartier de l'Opéra-Comique, dont les bureaux étaient rue Favart ; je le connaissais un peu pour l'avoir rencontré dans les théâtres.

Bien que son amitié me parût se manifester à de singulières heures, j'ouvris ma porte ; M. Frêne entra ; il était accompagné de plusieurs *messieurs*.

— Ne vous effrayez pas, me dit-il en souriant, je suis muni d'une commission rogatoire qui m'ordonne de faire une perquisition ici.

— Faites donc comme chez vous ! lui répondis-je avec un sourire aussi dénué de franchise que le sien, puis je le fis passer dans mon cabinet. Immédiatement il se dirigea vers mon bureau et l'ouvrit.

Il prit dans un tiroir un paquet de lettres autographiées de M. de Larochejaquelein et d'Henri V. Ces lettres, bien d'autres que moi pouvaient les avoir, puisqu'elles étaient imprimées ; aussi ne fis-je pas grande attention à leur saisie. Ce qui me fut pénible, par exemple, ce fut de voir prendre aussi une lettre de la duchesse de Berry ; c'était un autographe très-précieux pour moi, et bien que je ne doutasse pas qu'il dût me revenir, je le voyais partir avec chagrin.

Voici dans quelles circonstances je l'avais eu :

Alors que j'étais directeur de *la Sylphide* j'allai aux bains de Dieppe, et j'y rencontrai un marin que avait une fois fait baigner la duchesse de Berry ; ce brave homme en avait conservé un si bon souvenir et le disait si bien, que je ne pus m'empêcher de raconter sa conversation dans mon journal. Quinze jours après, la duchesse m'envoyait cent francs en me priant de les faire remettre à son ancien baigneur. A cet envoi, elle avait joint cette petite lettre autographe bien charmante et que j'avais été aussi heureux qu'honoré de conserver chez moi.

A ce paquet, le commissaire annexa une lettre autographe de Berryer qui me complimentait sur un petit volume que j'avais publié en revenant de voir M. le comte de Chambord à Wiesbaden ; il prit aussi un autographe de la duchesse d'Angoulème que je lui avais fait demander par Besselièvre ; je vois encore ces quatre mots : *Dieu sauve la France !* écrits de sa grande écriture masculine.

Pour compléter sa collection, M. Frêne saisit aussi un autographe d'Henri V, qui ne portait rien que sa signature, et une dédicace à mon nom, puis la copie d'une longue lettre que je lui avais écrite et que j'ai publiée dans *la Chronique de Paris ;* elle était relative à un article que j'avais fait à propos de la fusion. Je craignais que la liberté de mes pensées lui eût déplu ; je terminais ainsi : « Je suis bien peu de chose en politique, je ne sais quelle portée peut avoir cet article, mais ce que je puis affirmer, c'est que je l'ai écrit avec mon cœur. » — « Et votre cœur vous a bien servi ! » me répondit-il quand je le revis à Wiesbaden.

Un détail assez curieux de cette saisie : Quand M. Frêne prit la lettre de M. le comte de Chambord, je dis tout haut et avec autorité en regardant ses compagnons de perquisition : — « Chapeau bas, messieurs ! ce sont des lettres du roi ! » — Chose curieuse, les agents se découvrirent machinalement, sans comprendre au juste pourquoi ils retiraient leurs chapeaux. Quant à M. Frêne, il se dirigea vers la fenêtre ; le comique de la situation l'avait vite frappé et je le voyais qui riait de dos. — Ah ! me disait-il quand je le rencontrai plus tard, vous pouvez vous vanter de m'avoir joliment fait rire quand vous avez ordonné à mes alguazils de se découvrir !

La perquisition terminée et sans que j'aie pu me douter de la cause de cette visite domiciliaire, nous descendîmes avec lui pour aller à son commissariat qui était rue Favart. — « Mais de quoi s'agit-il ? » lui demandai-je en chemin. — « C'est sans importance, me répondit-il, venez chez moi ! »

Nous montâmes ses escaliers ; une minute après je me trouvai en présence d'un individu que je ne connaissais pas ; il était assis devant un bureau et me fit subir un léger interrogatoire ; il me demanda mon nom, mes prénoms, mon âge ; à la rigueur j'aurais pu croire que je prenais un passe-port à cela près que j'ignorais pour quelle destination. Cette formalité terminée, nous descendîmes ; je n'étais pas fâché de voir finir cette sotte affaire, et je m'apprêtais à prendre le chemin de mon domicile, lorsqu'on me fit monter dans un fiacre qui était devant la porte du commissariat.

— Mais, fis-je à M. Frêne, vous m'aviez dit que cette affaire n'avait aucune importance ?

— Elle n'en a aucune, je vous assure, me répondit-il avec amabilité ; puis, du même ton, il dit au cocher :

« A Mazas ! et la voiture se mit à rouler m'emmenant avec deux agents de police, qui se placèrent devant moi, me laissant la banquette du fond ; il y en avait un assis à côté du cocher.

— Aucune importance ! me répétai-je en moi-même, enfin !

Je m'installai et bien vite mon esprit se mit à envisager la situation. « Voyons, me dis-je, il est bien évident qu'on ne prend pas les mouches avec du vinaigre ; si je me révolte, si je fais, comme on dit, le *malin*, il est plus que certain que je ne saurai rien ; si ces gaillards-là sont plus instruits que moi de mon affaire, il faut qu'ils me l'apprennent sans seulement s'en douter. » Toutes ces réflexions et mille autres me passèrent instantanément dans l'esprit comme le panorama qui défile, assure-t-on, dans la cervelle et devant les yeux de l'homme qui se noie. De tous mes projets le principal se résumait à ceci : — Mettons-nous bien avec mes alguazils ! Je n'avais du reste pas d'autre préoccupation importante puisque je savais bien n'être pas criminel.

Pour entamer la conversation, je dis à mes deux agents de police, avec l'accent poli et l'air souriant d'un homme qui parlerait à des dames :

— Mon Dieu, messieurs, cela ne fatiguerait-il pas l'un de vous d'aller à reculons ?

— Pas du tout ! firent-ils ensemble.

— C'est que, continuai-je, avec la même courtoisie, il y a eu un temps où d'aller dans le sens contraire me donnait absolument le mal de mer ; ainsi donc ne faites pas de cérémonie ; si cela gêne l'un de vous, qu'il se mette près de moi ; si cela vous incommode tous les deux, je me mettrai à votre place, cet inconvénient n'existe plus pour moi aujourd'hui.

Je sentis à leur façon de me remercier qu'ils étaient vraiment flattés de mon offre, d'autant plus qu'ils avaient pu constater, pendant la perquisition, que j'avais reçu des lettres du roi et que par conséquent je n'avais aucun rapport avec les gens qu'on envoie en prison pour vol, guet-apens ou escroquerie.

Forcément, la conversation tomba après cet échange de politesses. Je me dis, en moi-même : « Attention ! n'ayons pas l'air de faire des avances ; tout cela même est peut-être déjà un peu précipité. » J'allais loin, je le savais, par conséquent j'avais bien le temps de dresser mes innocentes batteries ; j'arrêtai là mes questions et j'examinai, sans en avoir l'air, ceux qui m'accompagnaient.

Comme presque tous les agents de police, ils étaient vêtus de ces paletots couleur miel qui semblent avoir été inventés pour eux et que je n'oublierai jamais ; leurs chapeaux étaient suffisamment défraîchis ; quant à leurs chaussures, elles avaient des dimensions et des épaisseurs tout à fait exceptionnelles.

Au bout d'un certain temps de marche du fiacre qui nous emmenait à Mazas, je me décidai à rompre le silence.

— Sapristi ! dis-je aux agents avec un faux entrain, vous m'avez été bien désagréables en me réveillant ainsi pendant mon premier sommeil ; ce qui me console, c'est qu'il a fallu pour cela que vous vous leviez encore avant moi !

— Ah ! me fit l'un d'eux avec un sourire de résignation, c'est le métier, nous y sommes habitués !

— Vraiment ! mais ce n'est pas amusant, et on doit vous payer cher pour ces opérations-là ?

— Oh ! non, monsieur, c'est dans nos attributions, nous avons des appointements fixes.

— Comment ! dis-je avec l'accent du plus profond étonnement, quand vous faites des arrestations de nuit vous n'avez pas de gratifications, de jetons de présence ?

— Non, monsieur !

— A moins, ajouta le second agent, que nous n'ayons à arrêter de grands criminels, des assassins, par exemple.

— Je regrette, répondis-je en souriant, de ne pouvoir pas vous offrir un inculpé aussi considérable.

Et tout en disant ces mots, je les regardais à fond, sans en avoir l'air, pour voir à leurs mines si vraiment ils n'avaient pas reçu de primes et si je devais me considérer comme un coupable de peu d'importance. J'avais bien envie de leur demander franchement si mon cas était grave, mais je me retins dans la crainte de les effaroucher par une question aussi directe.

— Alors, continuai-je avec une demi-insouciance, vous étiez à ma porte en train de me guetter depuis hier soir ; je ne m'en serais jamais douté !

— Oh ! non, me dit le premier agent, nous avons été prévenus à minuit seulement.

— Nous avons été choisis pour votre quartier, ajouta le second, avec candeur, les autres agents ont été commandés pour le faubourg Saint-Germain, et on a dû en prendre pas mal par là.

Je l'avoue à la honte de l'humanité, j'éprouvai intérieurement une joie immense en pensant que je n'allais par être seul sous les verrous, et j'ai vécu, pendant le reste du voyage, rien qu'avec cette pensée qu'il y en avait d'autres que moi, et probablement de mes amis, dans les cellules de Mazas.

Une autre pensée, très-naturelle aussi, me vint aussitôt : — Si j'essayais de la corruption sur mes gardiens ! Alors, d'un air détaché et cependant avec un accent qui faisait sentir de l'intérêt :

— Vous devez être payés assez cher pour les risques que vous courez en faisant de telles opérations ?

— J'ai 1,500 francs par an, me dit le plus âgé.

— Et moi 1,200, fit l'autre en baissant tristement les yeux.

— Est-ce possible ? m'écriai-je avec une indignation contenue ; mais, au moins, vous avez une retraite ?

— Non, monsieur, répondirent-ils ensemble avec un peu d'amertume.

Le moment était venu d'insister et de faire saigner leurs plaies.

— Comment, repris-je, avec l'accent d'une indignation qui alors avait trouvé son cours, vous exposez votre vie à arrêter des assassins, et l'administration ne vous fait pas de meilleures situations ?

— Non, monsieur !

— Et pendant que vous risquez vos jours pour gagner de si pitoyables sommes, des chefs de bureau, des chefs de division de ministère qui se lèvent tranquillement à dix heures du matin, qui signent les uns pour les autres des feuilles de présence, qui vont grassement déjeuner pendant que le public les attend, touchent jusqu'à 10,000 francs par an !

— C'est comme cela ! murmurèrent-ils avec un accent de résignation qui devait dissimuler mille rancunes.

— C'est affreux, ajoutai-je, et puisque je ne suis pas un grand coupable, que par conséquent je ne vous rapporte rien, permettez-moi au moins de vous offrir de quoi trinquer à ma santé.

— Non, monsieur, firent-ils poliment, il nous est interdit de rien accepter, nous ne recevons jamais rien.

J'insistai un peu, je vis que je perdais absolument mes paroles. Le temps marchait, il fallait obtenir un résultat à bref délai. Reprenant la conversation et devenant de plus en plus éloquent (je m'impressionnais moi-même), je leur dis :

— Mais alors votre vie à vous est toujours en danger ; ainsi, une supposition : me voici, moi, je suis assez bien planté, assez solide, n'est-ce-pas ? Vous n'êtes pas bien gros à vous deux, supposez que je vous prenne, vous, à la cravate, et que pendant que j'y fais un tour d'une main, je saute sur votre camarade ; j'ouvre la portière, je me sauve et je reprends ma liberté.

— Et ça ? me dit le plus âgé des deux, en me montrant un petit paquet d'une très-jolie et très-luisante ficelle.

— Mais il ne serait plus temps !

— Pardon ! nous connaissons notre monde ; si nous avions eu le moindre doute sur vous, vous auriez été *ligotté* avant de monter en voiture.

— C'est parfait, dis-je avec un rire qui s'efforçait d'avoir l'air franc.

J'aurai beau faire, pensai-je, ces gaillards ne me diront jamais rien; peut-être ne savent-ils rien non plus, mais ils sauraient quelque chose qu'ils ne me le diraient pas. Aussitôt je mis la conversation sur un autre chapitre, pour ne pas avoir l'air d'attacher d'importance au dialogue précédent. Nous parlâmes théâtre et beaux-arts; la conversation commençait à reprendre et ces messieurs exprimaient assez bien leurs idées quand tout à coup la voiture fit halte. Nous étions arrivés à Mazas.

Juste à l'instant où s'arrêtait le fiacre, le troisième agent était descendu du siége avec l'adresse et la rapidité d'un singe et se plaçait devant la portière.

D'un geste de la main, un de ceux qui étaient avec moi dans la voiture lui fit signe de s'éloigner. C'était une politesse à mon intention, cela voulait dire : — Celui que nous amenons n'est pas de ceux qui cherchent à s'évader, c'est un homme du monde, etc.; du moins je me plus à l'interpréter ainsi.

En un instant j'eus passé la lourde porte de la prison et je me trouvai dans le bureau du greffe; deux employés y étaient assis l'un devant l'autre, séparés par un grand pupitre en chêne; une balustrade de bois coupait la pièce en deux et empêchait le public d'approcher.

Je dois dire qu'ils n'eurent l'air d'attacher aucune

importance à mon personnage ; j'arrivais là comme un colis qu'on roule dans une salle de bagages et que les employés transportent sans même s'inquiéter de ce qu'il y a dedans ; cela me froissait un peu.

— Quels sont vos noms ? me demanda sèchement l'un d'eux.

— Jean-Hippolyte de Villemessant.
— Votre âge ?
— Je suis né en 1810.
— Où ?
— A Blois.
— Votre profession ?

Je pris un temps, puis de l'air le plus naturel du monde :

— Espoir de ma famille.
— Vous avez dit ?
— Espoir de ma famille !

L'employé releva la tête.
— Mais ce n'est pas une profession, cela !
— Je suis désolé de vous contredire, fis-je avec le même sérieux, mais je n'en ai pas d'autre.

Voyant que j'étais décidé à être l'espoir de ma famille, l'employé n'insista pas, et celui à qui il dictait écrivit.

— Passons au signalement ! lui dit-il. Puis il dicta à haute voix :

— Nez fort.

— Pardon, lui dis-je avec l'accent d'un homme qui se sent froissé, mon nez n'est pas fort !

— Si, monsieur, il l'est ! répliqua l'employé d'une voix ferme.

— Non, monsieur ; vous trouvez que mon nez est gros parce que le vôtre est extrêmement petit ; mais si l'empereur me faisait l'honneur de prendre mon signalement, je suis persuadé qu'il mettrait : *Nez moyen*, rien que parce qu'il penserait au sien.

— Assez, monsieur ! nous ne sommes pas ici pour nous amuser.

— Effectivement, je ne suis pas venu pour cela.

— Voulez-vous garder le silence à la fin ! me dit l'employé avec les marques de la plus vive impatience.

— Mais, dis-je en me redressant fièrement, je vous ferai remarquer que si vous n'êtes pas content de moi vous pouvez me mettre à la porte !

A cette plaisanterie, faite au milieu d'un solennel interrogatoire, l'employé qui écrivait étouffa un éclat de rire ; mon interlocuteur, lui, était très-sérieux :

— Continuons ! dit-il.

Puis, dictant :

— Ecrivez : Yeux gris.

— Pardon, dis-je avec une émotion contenue, ils ne sont pas gris, ils sont absolument bleus.

— Mettez gris !

— Je désire qu'on mette : bleus ; car enfin, je ne

sais si je ne mourrai pas ici et je ne voudrais pas, dans ce triste cas, que mon signalement fût inexact. Je vais aller chercher mon passe-port chez moi, si vous le voulez.

— Assez ! me dit l'employé, qui décidément commençait à se fâcher.

Tout en me livrant à ce dialogue, j'avais passé près d'un quart d'heure dans le greffe ; le temps des employés est fort limité à Mazas, car les prisonniers y abondent. Mon interrogatoire n'était pas terminé que la porte par laquelle j'étais entré s'ouvrit et que je vis arriver, escorté comme moi, Coëtlogon du *Corsaire*.

— Tiens ! vous voilà, m'écriai-je en voulant faire un pas vers lui.

— On ne parle pas ici ! cria l'employé.

Impossible d'entamer de conversation : c'était clair ; je voulais pourtant savoir si Coëtlogon avait eu le temps comme moi de faire ses malles, c'est-à-dire de prendre chez lui le nécessaire. Je condensai de mon mieux ma phrase, et vivement je lui dis :

— Avez-vous de l'argent ? moi j'en ai !

— Moi pas !

— Voilà cent francs ! et je lui remis un billet de banque.

Aussitôt on me fit sortir et je fus conduit à travers

des couloirs, jusque devant une petite porte, c'était celle de ma cellule. Mon geôlier entra avec moi et me montra les objets qui composaient l'ameublement. Je vis un petit lit, un pot à eau verni brun, jaune en dedans, un autre plus petit; par terre, une cruche remplie d'eau.

— Voilà, me dit le gardien, un petit pot pour cracher, on ne crache pas par terre; en voici un autre pour boire.

Puis, se reprenant :

— Non, j'ai fait erreur, c'est celui-ci qui est pour boire, c'est l'autre qui est pour cracher.

— Sapristi! lui dis-je, mais votre doute me donne à réfléchir.

Il m'affirma ne plus s'être trompé et continua :

— Vous voyez cette corde, si vous avez besoin de quelque chose vous n'aurez qu'à la tirer.

— Ça sonne ?

— Non, ça frappe, il y a un morceau de bois au bout. Vos lieux d'aisances sont dans ce coin-là.

J'aperçus un siége en triangle.

— Lisez le règlement avant de vous en servir. Quant à votre matelas, il doit toujours être roulé sur la planche qui est au-dessus de votre lit.

— Eh bien, mon brave, m'écriai-je, impatienté de tout ce qu'il me disait et surtout de ma situation, j'ai comme une idée que si ce travail-là n'est fait que par moi, il ne sera jamais fait ! et je lui tournai le dos sans plus écouter un seul mot. J'entendis la porte se refermer. J'étais seul.

J'examinai alors tranquillement ma cellule ; c'était loin d'être gai ; la façon dont le jour lui-même entre là-dedans est presque lugubre. Je regardai mes murs et j'aperçus le fameux règlement. « Tiens, me dis-je, lisons cela, c'est toujours une façon de tuer le temps. »

Entre autres articles, j'y lus celui qui était relatif à mes water-closets ; je devais, avant d'en soulever le couvercle, tirer une corde ouvrant l'espèce de hotte qui me servait de fenêtre, sous peine d'asphyxie immédiate. Quand je vis que le manque de lecture de certains articles pouvait me faire appliquer aussi facilement la peine de mort, je m'empressai de les dévorer tous. Heureusement il n'y avait que ce cas-là qui fût mortel.

Un paragraphe même me fit un certain plaisir, j'y lus : « Le détenu qui désirera lire, n'aura qu'à frapper en tirant le cordon et on lui donnera le livre qu'il désire. » La civilisation reparaissait pour moi.

J'examinai ensuite ma vaisselle ; les petits pots que m'avait montrés mon gardien me retiraient toute envie de me désaltérer ; je regardai ma cruche ; une idée me vint : — Pourquoi, me dis-je, ne boirais-je pas là-dedans? J'avais vu boire, comme on dit, *à la régalade*, et je résolus de faire ainsi. Aussitôt j'élevai la cruche, je penchai la tête en arrière, j'ouvris la bouche et... je versai un torrent d'eau sur ma poitrine!

Tant bien que mal je m'épongeai avec un essuie-main et je finis par me sécher. Je résolus de passer à un autre exercice et je tirai le cordon de mon marteau. Le guichet glissa :

— Que voulez-vous?

— Un livre!

— Lequel?

J'écrivis avec un crayon sur un morceau de papier le nom des livres que je désirais; le papier fut pris et le guichet se referma; bientôt ma porte s'ouvrit, le gardien me dit :

— On n'a rien de ce que vous avez demandé.

— Eh bien, donnez-moi ce que vous voudrez!

Un instant après il me remettait effectivement un livre et disparaissait. Ce livre était relié en veau, horriblement laid, aux coins écrasés, et il était intitulé : *Guerres des Assyriens et des Babyloniens*. Je l'ouvris; à l'endroit de la dédicace, il y avait une page manuscrite, avec des cachets de tous les côtés. Je regardai : c'était comme un autre règlement de la prison; en tête, je lus : « Défense, sous les peines les plus sévères, de déchirer ou de salir les volumes qui ont été prêtés par l'administration »; puis, plus bas : « Nota : Il manque

de la page 16 à la page 19 »; puis, plus bas encore :
« Nota : Il manque de la page 84 à la page 108, et de
la page 215 à... ». Je m'arrêtai et je constatai que ce
volume, pour lequel tant de petits soins m'étaient recommandés, était littéralement en loques.

Je retirai ma corde. Le gardien reparut.

— Je reconnais, lui dis-je, que si j'étais propriétaire
et que j'eusse des locataires aussi tourmentants que
moi, je me dépêcherais de leur donné congé ! Voilà de
quoi il s'agit ; je craindrais d'être accusé des détériorations qui sont faites à ce beau livre, remportez-le et
donnez-m'en un en bon état, n'importe lequel.

— Voulez-vous la *Cuisinière bourgeoise ?*

— Très-volontiers.

Mon gardien disparut et revint avec le fameux
livre. C'est dans cet exemplaire que j'eus le bonheur
de lire pour la première fois : Le lapin aime à être
écorché vif, le lièvre *préfère* attendre. — Recette
pour faire les pieds de cochon à la Sainte-Menehould :
Prenez vos pieds, grattez-les, etc.

C'était à reculer d'horreur ; néanmoins, je dois à la
vérité de dire que cette lecture m'a fait passer quelques bons quarts d'heure et que j'y ai puisé des
notions culinaires qui ne m'ont pas été inutiles dans
diverses circonstances de ma vie.

Dans le courant de la journée, ne sachant pas combien de temps je devais rester là avant de connaître mon crime, je demandai la permission d'envoyer un commissionnaire à mon domicile, pour me rapporter des vêtements que je n'avais pas eu le temps de prendre. L'autorisation me fut accordée et bientôt je pus revêtir un pantalon à pieds et une robe de chambre. Ce fut pour moi un grand plaisir, il me semblait en entrant dans ces vêtements, que j'étais un peu plus chez moi que tout à l'heure, je me sentais moins en prison.

Je demandai un autre livre que la *Cuisinière bourgeoise* ; on m'apporta le théâtre de Victor Hugo ; je ne me plaignis point.

Après la nourriture de l'esprit, celle du corps : je témoignai le désir de manger.

— Que voulez-vous ? me demanda le gardien.

— Qu'est-ce que vous avez ?

— De la soupe aux choux, des haricots rouges et du bœuf.

— C'est parfait ! j'adore tout cela ; puis, après avoir examiné les ustensiles qui devaient servir à mon couvert, je m'aperçus que j'avais bien une fourchette en bois, mais pas de couteau ; j'en réclamai un.

— Les détenus n'en ont pas ! répondit le gardien.

Je compris la précaution.

— Regardez-moi bien, lui dis-je en riant, est-ce que j'ai l'air d'un homme assez bête pour se tuer ?

— Ma foi non, monsieur, répondit-il avec conviction.
— Eh bien, alors ?
— Eh bien alors, je vais vous apporter une *jambette!*

On appelle ainsi un petit eustache rond au bout et à manche de buis. Je passe sur les détails du repas.

Une heure après, pendant que je lisais dans le plus grand silence, j'entendis subitement ouvrir le guichet de ma porte.

— Voulez-vous de la pommade ? cria-t-on de façon à me faire sauter sur mon tabouret.

— Mais non ! répliquai-je avec un peu de colère et sans bien comprendre.

Le guichet se referma aussitôt et j'entendis la voix qui s'éloignait dans le couloir en criant : — Voulez-vous de la pommade ! — avec accompagnement d'ouvertures et de fermetures de guichets. C'était le coiffeur de la maison, autorisé à aller faire ses offres de service de cette façon ; trois ou quatre fois, il me fit encore soubresauter ; à la cinquième, je lui dis : — « Je ne veux pas de pommade, mais je ne serais pas fâché de me faire faire la barbe. »

Presque aussitôt la porte s'ouvrit et le barbier entra, mais suivi d'un gardien. Je fus ce qui s'appelle expédié. Un instant après son entrée, mon barbier était sorti comme par un truc de féerie. Je retombai dans ma solitude. J'en fus bientôt tiré par des bruits de voix dans mon couloir. Je prêtai l'oreille pour distinguer ce que la voix criait. En écoutant bien, je distinguai au loin ces mémorables paroles :

— Y a-t-il encore des galeux ?

Pas de réponse ; mais au bout d'un instant, j'entendais les gros souliers de quatre ou cinq gaillards qui passaient devant ma cellule. Il paraît que cette maladie de peau était assez répandue à Mazas, car cinq ou six fois ce jour-là j'entendis le cri : « Y a-t-il encore des galeux ? » et le passage de prisonniers par petites escouades.

Instinctivement je pensai à mon barbier et au rasoir qu'il m'avait promené sur la figure. Heureusement, j'en fus quitte pour la peur.

Malgré tout, le temps passait et le soir vint ; comme je voulais lire en m'endormant, je fus obligé, en l'absence de tout flambeau, de faire un trou dans le pain de munition qu'on m'avait donné et d'y planter une bougie.

Me voilà donc décidément en prison, toujours sans savoir pourquoi ; la mauvaise chance avait voulu que je fusse arrêté un samedi, et, comme on n'interroge pas le dimanche, je devais passer ce jour-là sans être plus fixé sur mon sort.

Le matin du dimanche, on ouvrit toutes les portes des cellules ; la disposition des couloirs est telle que chacun peut suivre la messe de chez soi, sans être vu par les autres prisonniers ; la chapelle forme le centre d'un cercle, dont tous les rayons viennent y aboutir : comme qui dirait le milieu d'un fromage de Brie qui serait coupé en une multitude de minces triangles.

La messe dite, les portes furent refermées et je me vis encore une longue journée à passer. Je me perdais en conjectures ; toutes les fois que j'entendais fermer au loin les grosses portes de la prison, je croyais entendre un coup de canon. Je me disais : — Evidemment Coëtlogon n'est pas là pour rien ! Il y a eu probablement une conspiration ; on doit se battre dans Paris ; peut-être même viendra-t-on ici pour nous délivrer, et pourtant rien ne laissait supposer une révolution !

Ce qui dominait parmi toutes mes pensées, c'était la colère de ne pas être interrogé ; les questions qu'on m'aurait posées m'auraient du moins appris quelque chose.

Pour tuer le temps et me dégourdir, je décidai de faire un peu de gymnastique. Je pris mon traversin, je le dressai, j'essayai d'y faire une sorte de tête, puis une forme de nez énorme ; ce petit travail terminé, je me précipitai dessus à coups de poings, en me disant :

« C'est l'empereur ! » Je tapais de toutes mes forces, et cela me faisait du bien !

Au bout de deux jours, trouvant cet exercice insuffisant, je demandai si je n'en pouvais pas prendre d'autre. On me répondit que, si je voulais, je pouvais me promener ; je répondis tout de suite : Oui.

Comme je marchais assez lentement, le gardien me fit remarquer qu'il était nécessaire que j'allasse plus vite, les promenades des prisonniers étant organisées de façon à ce qu'ils ne pussent jamais se rencontrer.

— Ah çà ! lui dis-je gaiement, si vous croyez que vous allez me faire courir au pas gymnastique comme un petit forçat ! vous pouvez vous retirer cela de la cervelle !

Et comme le gardien insistait pour me faire accélérer le mouvement, je lui dis que j'aimais mieux rentrer ; la chose me fut facilement accordée ; je me mis en marche pour regagner ma cellule, mais si lentement, qu'arrivé à un coin de mur, je me trouvai nez à nez avec quelqu'un ; ce quelqu'un c'était Pagès-Duport, un de mes amis, qui depuis devint député.

— Comment ! vous voilà ! m'écriai-je avec étonnement.

— Oui !

A peine ces quelques mots étaient-ils échangés que nous étions déjà réintégrés, l'un et l'autre, dans nos cellules. J'étais ravi de l'aventure ; j'étais moins seul, j'avais le bonheur férocement égoïste de posséder plusieurs compagnons de captivité.

Un matin, la porte de ma prison s'ouvrit subitement, se referma de même. J'étais dans mon lit ; je me mis sur mon séant et je vis devant moi mon gardien.

— Pas un mot, me dit-il, prenez ! et il me remit une bouteille débouchée.

— Ne dites rien, et buvez à même, à la régalade ! me murmura-t-il doucement.

— Qu'est-ce que c'est que ça ?

— C'est de l'absinthe !

— Tiens ! fis-je sans trop penser à ce que je disais, est-ce que Lapierre est ici ?

— Oui ; il a été mon lieutenant.

— Tant mieux ! ajoutai-je en lui rendant la bouteille, mais je ne bois jamais d'absinthe ; vous êtes un brave garçon et je vous remercie.

— C'est dommage ! et il se dirigea vers la porte.

— Mais, lui dis-je, puisque vous êtes si aimable, vous pouvez bien me rendre un service.

— Lequel ?

— Pourriez-vous faire remettre un lettre à madame de Villemessant ?

— Donnez !

J'écrivis à toute vitesse. Quand j'eus terminé :

— Avez-vous connu Rovigo? lui demandai-je.

— Je crois bien, il a été mon capitaine!

Décidément, j'étais tout à fait en pays de connaissance.

Ma lettre fut remise le jour même; je commençais à renaître à l'espérance, comme on disait autrefois.

J'avais bien raison, du reste, car mes amis ne m'oubliaient pas au dehors, et l'un d'eux, qui alors ne faisait que commencer, Mirès, vint, aussitôt qu'il me sut en prison, dire à madame de Villemessant qu'il se tenait à sa disposition pour toutes les démarches, pour l'argent même, qui pourraient lui être nécessaires. Je n'oubliai jamais cette preuve d'amitié, et je lui payai ma dette quand, plus tard à mon tour j'allai le voir à Mazas, et je ne l'abandonnai jamais pendant l'odieux et injuste procès qu'on lui a fait et qui l'a tué.

A propos de Mirès, il faut que je dise la vérité absolue, c'est que c'est M. Chaix d'Est-Ange le père, qui l'a poursuivi de ses rancunes; voici à quel sujet :

M. Chaix d'Est-Ange avait plaidé pour Mirès dans l'affaire relative à l'achat du journal *le Constitutionnel;* le procès fut perdu et Mirès lui remit dix mille francs pour ses honoraires; le rencontrant plus tard, Mirès irrité de la façon dont cette procédure avait été conduite, s'emporta et lui dit :

« — Vous avez plaidé comme un cochon ! » Je reproduis les termes exacts.

On comprend que M. Chaix d'Est-Ange, qui n'était pas l'indulgence même, se garda bien d'oublier ces paroles quand il fut nommé procureur général ; il devint l'ennemi de Mirès et conduisit lui-même, il faut bien le dire, toute cette désastreuse affaire ; je mets au défi qui que ce soit de prouver le contraire de ce que j'avance.

Naturellement, au nom de la justice et de la reconnaissance, je n'abandonnai pas Mirès ; furieux contre moi, M. Chaix d'Est-Ange me fit poursuivre pour avoir, disait-il, pris à partie les témoins et notamment l'expert Monginot ; il n'était pas question de moins que de la suspension ou de la suppression de mon journal.

C'est alors que Norbert Billart qui, sous un pseudonyme, avait rendu compte du procès dans *le Figaro* avec un rare talent, alla trouver M. Billault, de qui il avait été autrefois secrétaire ; on juge de la colère de M. Chaix d'Est-d'Ange qui croyait avoir affaire à un pauvre journaliste tremblant devant lui, et qui se trouvait devant un ami presque du ministre.

M. Billault fut tellement touché de ce qu'il apprit, qu'il alla voir M. Chaix d'Est-Ange, pour lui dire ce que sa conscience lui commandait.

— Eh bien ! lui répondit avec humeur Chaix d'Est-Ange, si vous trouvez que M. Mirès est innocent, mettez deux cierges devant lui et demandez-lui pardon !

On voit dans quelles conditions d'indépendance ce procureur général se trouvait à l'égard de Mirès. L'affaire suivit son cours et Mirès succomba.

Quant à moi, je dus aller le voir aussi pour lui demander une remise d'application de peine ; on se figure aisément comment je fus reçu, bien que je le connusse et que j'eusse dîné plusieurs fois avec lui chez Jules Janin ; la chose était naturelle, il n'avait pas besoin de moi ; devant une influence, il eût été bien autrement. J'eus, du reste, l'occasion de dire dans mon journal ce que je pensais de son caractère.

J'écrivis un jour que lorsqu'il passait dans les couloirs de l'Opéra pendant qu'on jouait, il s'inclinait devant les portes de certaines loges, bien qu'elles fussent fermées, parce qu'elles contenaient de gros personnages.

Je me rappelle ces faits comme ils me reviennent à la mémoire, en cherchant seulement à rétablir la vérité.

On ne dira pas que je les cite par rancune ; si j'eusse été un homme de vengeance, je n'eusse point laissé publier dans *le Figaro* l'article qui y a paru le lendemain de sa mort, et que tout le monde peut lire.

Revenons à Mazas, où je suis resté fort préoccupé de ce qui se passait au dehors, comme on doit bien le penser.

Ma femme mit mes deux gendres en campagne ; tous deux, Bourdin et Jouvin, qui me savaient liés avec le marquis de Larochejaquelein, se rendirent immédiatement chez lui ; ils lui racontèrent mon arrestation sans pouvoir lui en dire le motif et le prièrent de faire une démarche en ma faveur le plus tôt possible.
— Cela tombe à merveille, dit M. de Larochejaquelein, justement je dîne aux Tuileries ; je dirai que, probablement, Villemessant a fait quelque plaisanterie plus ou moins bien goûtée du ministère, et que finalement, je demande sa mise en liberté.

Effectivement, le soir même, il se rencontrait dans les salons de Tuileries avec M. de Maupas, et une conversation assez vive s'élevait entre eux.

Ceux de mes lecteurs qui ont parcouru les cinq volumes précédents des *Mémoires d'un Journaliste*, doivent se rappeler que je n'étais pas précisément bien avec M. de Maupas ; après avoir essayé de me rallier à l'Empire, il s'était aperçu que je ne manquais aucune occasion de témoigner mes sympathies pour le comte de Chambord. Son acharnement contre moi date de là; l'histoire des fleurs de lys que, sur sa défense, je voulus remplacer dans mon journal par de grosses moustaches, de petits chapeaux, des sabres, des bottes, etc., l'avait singulièrement blessé; la demande de décrotteur, que j'avais faite avec Rovigo (voir la deuxième série), m'avait tout à fait aliéné ses sympathies.

Il est encore vivant et doit se rappeler tout ce que je dis ici.

A partir de ce jour, j'eus toute l'administration contre moi; M. Latour-Dumoulin m'en voulait aussi à cause d'une plaisanterie assez inoffensive que j'ai rapportée dans ces Mémoires à propos de ses cartes de visite, cartes que l'empereur demanda à voir, et me fit rendre non sans avoir beaucoup ri. C'était M. Collet-Meygret qui les lui avait communiquées.

Ici, une paranthèse :

M. Collet-Meygret, un homme charmant, passait sa vie à adoucir les inimitiés que M. Fould soulevait tout autour de lui; comme mon journal était peu ami de Fiorentino, ce dernier, qui rendait quelques obligeants et intimes services à ce ministre, l'avait absolument tourné contre moi et mon journal. Une anecdocte à ce sujet :

Un jour que j'étais à l'imprimerie, rue Coq-Héron, je reçus une lettre de M. Collet-Meygret qui me priait de passer immédiatement au ministère ; un *post-scriptum* me priait de ne faire aucune toilette, et de venir comme j'étais. Je pris mon paletot et partis sans perdre une minute. Arrivé chez M. Collet-Meygret, je lui demandai quel événement important rendait ma présence si nécessaire. Il s'excusa de m'avoir dérangé ; puis, après de courts pourparlers, me dit :

— Voici pourquoi je vous ai prié de venir. Fiorentino vient d'être décoré aujourd'hui ; nous vous demandons comme un service de ne rien dire de cette croix, nous vous serons éternellement reconnaissants de votre silence.

Pour dire tout de suite la vérité, je dois avouer au lecteur que j'ignorais complétement cette nouvelle.

— Sapristi ! fis-je avec toutes les marques bien visibles d'une véritable contrariété, dans quel embarras vous me mettez !...

— Pourquoi ?

— C'est que (nous ne faisons pas de mystère entre nous, n'est-ce pas ?), c'est que justement mon numéro qui va paraître à quatre heures contient le mémoire très-circonstancié qu'on connaît de de Calonne sur l'enquête faite par Rovigo, Coëtlogon, et sur les titres de Fiorentino à l'ordre de la Légion d'honneur !

— Mais vous ne le publierez pas ?

— Mais si! et absolument.

— Ce ne sont pas des documents sérieux, continua M. Collet-Meygret, sans doute pour m'impressionner, et la preuve qu'ils sont faux, c'est qu'on vient de le décorer!

— Cela ne fait qu'aggraver sa situation, fis-je en homme bien informé.

— Non! vous voulez plaisanter.

— Je n'ai jamais été plus sérieux, continuai-je sans m'émouvoir.

— Mais j'ai promis à M. Fould que vous ne diriez rien dans votre journal!

— Engagement téméraire; le numéro est composé et, dans un instant, on va commencer à *rouler!*

— C'est impossible!

— Mieux que cela, je dois vous dire que quand j'ai pris une voiture pour arriver ici, il y avait déjà quelques numéros de tirés!

— Ah! mon Dieu, fit Collet-Meygret avec une terreur telle que je finis par m'attendrir.

— Voyons, lui dis-je, un sacrifice ne me coûtera rien pour vous sortir d'un tel embarras; je pars et je vais arrêter le tirage!

— Vous feriez cela pour moi?

— Je le ferai à la condition que vous me revaudrez la noblesse de mon procédé.

— C'est convenu!

— Vous le jurez?

— Je le jure !

Et je partis couvert des termes de la plus sincère reconnaissance.

Arrivé à mon bureau, je racontai la scène, et je dois dire qu'elle obtint un véritable succès de fou rire. Je fis tirer le numéro ordinaire qui était composé, et Collet-Meygret resta convaincu que je lui avais fait un grand sacrifice ; si bien que dans maintes affaires désagréables qui m'étaient suscitées par l'administration, je n'avais qu'un mot à lui dire pour qu'il me répondît :
— « C'est vrai ! je n'oublierai jamais le service que vous m'avez rendu ! »

Il me répéta tant de fois cette phrase, et avec tant de conviction, que parfois j'étais tenté de croire qu'il était mon obligé.

Je reviens à M. de Maupas. Ses persécutions étaient marquées au coin de la rancune corse ; lorsque M. de Larochejaquelein lui parla de ma détention, sa réponse fut celle-ci :—« Cela apprendra à Villemessant à écrire dans son journal que, sous l'Empire, les gens de lettres ne peuvent vivre qu'à la condition d'être décrotteurs ! »

Je n'oubliai pas ce détail ; j'ai une grande mémoire, et le hasard m'a, jusqu'ici, toujours fourni les moyens de retrouver au demi-cercle ceux qui m'avaient nui sérieusement; je ne pouvais, à ce titre, laisser échapper M. de Maupas. Sa situation le rendait redoutable; il fallait trouver moyen de ne pas lui laisser de possibilité de répliquer.

Un jour que j'allais à Nice, je le rencontrai à Marseille; rien qu'en le voyant, je trouvai ma petite vengeance, et j'écrivis l'article suivant au *Figaro* :

FIGARO EN VOYAGE

A MARSEILLE

« De mon séjour en cette ville aussi fantaisiste que commerçante, je ne vous raconterai qu'un épisode.

« Il s'est produit dans toute ma vie un phénomène étrange, je devrais dire sans doute un hasard, qui eût comblé des plus vives satisfactions un cœur vindicatif, et qui, au contraire, m'a toujours profondément affecté. Je m'explique. De toutes les personnes qui m'ont causé un préjudice volontaire ou accidentel, il n'en est pas une seule que, plus tard, le sort n'ait frappée durement. J'ai le bonheur, d'autres diraient peut-être le malheur, d'être inaccessible à la haine. Aussi, chaque fois que quelqu'un m'a nui, fût-ce par mégarde, me suis-je demandé avec effroi quelles rigueurs l'avenir lui réservait. Mon Dieu! pensais-je, qu'adviendra-t-il de ce malheureux? Ne sera-t-il pas trop puni du léger tort qu'il m'a occasionné?

. . . .

« En arrivant à Marseille, j'aperçus dans la gare M. de Maupas, préfet des Bouches-du-Rhône, ou plutôt ex-préfet, car on m'apprit qu'il quittait ce département pour cause de santé.

« Mon cœur s'est serré quand j'ai reconnu, non sans peine, l'élégant cavalier d'autrefois, vieilli avant l'âge, voûté, souffrant, affecté d'une forte claudication.

« Je m'informai des causes qui l'avaient réduit à cet état de caducité précoce, dont la vue me faisait peine. On me répondit que la cause principale était un épanchement de synovie dans le genou, en d'autres termes, une hydropisie du genou. Cette terrible maladie est due le plus souvent à un affaiblissement de la constitution ; le liquide qui doit lubrifier les articulations et en faciliter le jeu se produit en trop grande quantité ; de là ces ravages.

« En jetant un regard douloureux sur ce languissant malade que j'avais vu si ingambe et si fringant, je me consolais de mon obscurité. Je pensais — l'égoïsme de l'homme est incurable — que j'appartiens à une famille de centenaires ; que toutes les fois qu'un des nôtres est mort avant son siècle révolu, on s'est demandé avec inquiétude dans le pays si une épidémie sévissait, que par conséquent, solidement charpenté comme je suis, j'ai peut-être encore quarante ou cinquante années d'existence devant moi, et que certainement M. de Maupas voudrait bien avoir fait ma semaine à Mazas, et jouir de ma florissante santé.

« Je rentrai à mon hôtel le cœur comprimé, l'âme contristée. Mon Dieu! songeais-je à part moi, comme les soucis de la vie publique et les grands travaux brisent l'homme le plus robuste!

« Je demandai un journal de la localité, pour y lire les sympathiques adieux que, suivant moi, l'on ne pouvait manquer d'adresser au premier magistrat du département, à celui qui a doté la cité phocéenne d'une préfecture admirablement somptueuse.

« Bien certainement, M. de Maupas avait poussé la délicatesse et la modestie — vertus bien rares chez les grands — jusqu'à prier les gazetiers marseillais de ne lui consacrer aucune notice biographique, car voici les seules lignes que je trouvai dans une des feuilles du chef-lieu : « Monsieur le sénateur, préfet des Bouches-
« du-Rhône, est parti aujourd'hui, par le train de onze
« heures. »

« Le soir, j'allai me promener, désireux de constater par moi-même l'émotion qu'avait dû tout naturellement produire une nouvelle si importante, si imprévue et si peu souhaitée.

« Très-curieux par nature, je visitai les moindres établissements, même le Café Allemand ; j'allai aux écoutes, j'interrogeai, je m'enquis ; et comme je suis la sincérité personnifiée, je dois déclarer que tout le monde me fit exactement la même réponse.

« Le lendemain de ce jour néfaste, je m'empressai de revenir à Nice... »

Le récit du piteux état de M. de Maupas fit grand bruit à Marseille ; toutes les allusions y furent goûtées et particulièrement celle faite à certain café autorisé à rester ouvert, tandis que les autres devaient être réglementairement fermés. Ce fut même, dit-on, une des raisons de la chute de M. de Maupas.

L'effet fut si grand, que le ministre défendit, par dépêche, la vente du *Figaro* à Marseille ; naturellement, on le vendit dix fois plus, et les derniers numéros montèrent jusqu'à trois francs. C'était un véritable succès.

Maintenant que tout cela est loin, je dois avouer que le hasard seul me fit écrire cet article.

J'étais, ainsi que je l'ai dit, descendu à Marseille. Comme je demandais en forme de conversation banale à mon hôtelier s'il y avait quelque chose de nouveau dans la ville, celui-ci me répondit : — Ma foi, rien !

seulement M. de Maupas est souffrant, il a mal à la jambe.

J'improvisai alors le *lamento* qu'on vient de lire.

Revenons à nos moutons, c'est-à-dire à Mazas.

Un beau matin, mon gardien, qui était devenu presque un ami, vient me dire qu'on me demandait au greffe. On pense bien que je ne me fis pas longtemps prier, je descendis. Je me trouvai en présence d'un juge d'instruction ; je le reconnus pour avoir eu autrefois d'excellentes relations avec lui ; sa vue me radoucit un peu, car j'étais vraiment irrité de cette détention non motivée.

— Venez-vous pour m'interroger ? lui demandai-je avec anxiété.

— Oui.

— Alors je vais enfin savoir pourquoi j'ai été mis en prison ?

— Oh ! c'est bien simple, me répondit-il, c'est pour bavardages, cancans politiques et participation à une société secrète.

— Un instant, fis-je avec étonnement, du bavardage et une société *secrète*, cela ne va guère ensemble.

— C'est pourtant là votre chef d'accusation.

— Mais cette perquisition domiciliaire ?

— On croyait trouver chez vous quelques lettres relatives aux diffamations que les journaux belges colportent depuis plusieurs semaines sur l'impératrice.

— Ah! quant à cela, permettez-moi, monsieur le juge d'instruction, de vous dire que la police ne se gêne pas pour ouvrir les lettres à la poste, et que, s'il y avait eu la moindre dépêche compromettante à mon adresse, vous l'auriez lue avant moi. Il est bien plus simple de dire qu'on a voulu se venger des petites moustaches, des petits sabres et de ma demande de permission de décrotteur !

— Pardon, ajouta le juge d'instruction en m'interrompant, aimez-vous la liberté ?

— Je crois bien !

— Usez-en, si cela vous plaît !

— Voilà, lui dis-je, une offre que vous ne me ferez pas deux fois !

Je le saluai vivement, plus vivement encore je m'habillai et j'opérai ma sortie. Je sautai dans une voiture et je me fis conduire d'abord à un cabinet de lecture ; je brûlais de savoir ce que les journaux disaient de toutes ces arrestations arbitraires.

J'ouvris un journal et voici à peu près ce que j'y lus : « Que parle-t-on d'instruction d'affaire? Pourquoi perdre le temps à faire passer tous ces gens en jugement? Le gouvernement est vraiment trop bon ! Il devrait envoyer tous ces turbulents à Nouka-Hiva ; on n'en parlerait plus ! » L'article était signé : Granier de Cassagnac.

Je passai à d'autres journaux. Seul entre tous, je dois le dire, M. Emile de Girardin protesta contre ces arrestations arbitraires dont bien d'autres que moi étaient victimes, tels que Rovigo, Chatard, Lapierre, Coëtlogon, Pagès-Duport, etc. : « On n'a pas le droit, écrivait-il, d'arrêter les gens par mesure purement administrative; on doit les juger; qu'on les condamne à la prison s'ils sont coupables, mais avant tout qu'on leur donne des juges ! »

L'empereur, très-étonné d'apprendre par les journaux ce qui s'était passé, avait dit : « Je veux savoir toute la vérité sur cette affaire, je ne veux pas que sous mon règne on puisse ainsi attenter à la liberté individuelle. »

L'ouverture de Mazas s'ensuivit pour nous et je proposai d'envoyer à M. de Girardin, avec qui nous étions cependant tous très-mal, notre carte comme remerciement. Ce qui fut fait.

Comme je viens de le dire, le résultat de cette campagne fut pour nous la liberté. Excepté cependant pour Rovigo qui fut retenu pour détention d'armes, faute de mieux. Son arrestation avait donné lieu à un épisode assez singulier, que mon amour pour la vérité me force à raconter.

Pendant que le commissaire de police opérait sa

perquisition et ses saisies chez Rovigo, le fils de celui-ci qui avait peut-être sept à huit ans, se tenait assis dans son lit et, distrait comme on l'est à cet âge-là par ses jouets, fredonnait négligemment une romance de l'époque sur l'air de *Jenny l'Ouvrière* et dont voici le refrain :

> Quand Badinguet s'ra tombé dans la...
> Vous qui l'aimez embrassez-le pour moi ! (*Bis.*)

On juge de l'effet que produisit cette poésie élégiaque sur les assistants ; le commissaire de police et ses agents ne purent s'empêcher de sourire aux paroles inconscientes qui s'échappaient de cette bouche d'enfant. Quant à Rovigo, il était enchanté.

Je reviens à ma sortie de Mazas et à nos journaux.
Je gardai longtemps rancune à Cassagnac, mais le temps a raison de tout, et la preuve c'est qu'il me faisait dernièrement le plaisir de m'écrire qu'il viendrait le lendemain déjeuner avec moi : « Ayez soin, mettait-il en *post-scriptum*, de ne pas oublier les haricots bretonne, je les adore ! »
Je n'eus garde d'oublier la recommandation, et je lui dis, quand on apporta le plat en question :
— Eh bien, si j'étais à Nouka-Hiva depuis vingt ans, comme vous le demandiez, vous ne mangeriez pas en ce moment des haricots bretonne !

Ce qui prouve ce que c'est que la politique et ses haines quand les années ont passé dessus !

Enfin me voilà sorti de Mazas. et du cabinet littéraire.

Je m'en tins là de ma lecture et je rentrai dans mon domicile.

Je ne sais pas si la police s'est préoccupée de l'emploi de ma soirée de ce jour-là et si elle m'a fait l'honneur de me faire *filer* ; s'il en a été ainsi, elle a dû être bien étonnée de mes mœurs de conspirateur ; elle m'eût trouvé installé à Séraphin, au Palais-Royal, avec ma femme et mes enfants, suivant avec émotion les péripéties du drame du *Pont cassé* et répétant, en revenant, le fameux refrain :

> Les canards l'ont bien passé
> Tire lire lire
> Tirelonfa !

Je n'eus pas toujours le bonheur de me tirer aussi lestement des griffes de la justice, et ce n'est pas sans une certaine fierté que je pense à la hauteur que feraient, empilés, tous les papiers timbrés que m'a adressés le parquet. Je dois le dire en rougissant, j'étais arrivé à considérer certaines Chambres comme faisant partie de mon appartement; à ce point qu'un jour que je présentais moi-même ma défense dans un mince procès littéraire, je ne pus m'empêcher de dire à mes juges :

« — Certes, Messieurs, vous devez vous étonner de me voir si souvent devant vous ; pour moi je suis tellement habitué au tribunal, à cette Chambre, qu'il me semble qu'elle est pour moi comme un second domicile, et que, si on venait m'en présenter la quittance de loyer avec la note du nouveau papier qu'on y aurait collé, je la payerais sans sourciller.

« Il est vrai que j'aurais pu, en maintes circonstances, me priver de l'honneur de comparaître devant vous; au lieu de signer mon nom au bas du journal, j'aurais mis celui de n'importe qui, chargé de faire la prison et d'endosser les condamnations ; comme j'ai fait autrefois, du reste, avec le petit père Legendre qui, interrogé sur un entrefilet incriminé, répondit au tribunal :

« — Oui, monsieur le président, c'est moi qui suis l'auteur de la petite article!

« Non! j'ai agi comme nos officiers français qui gardent leurs épaulettes sur le champ de bataille et deviennent autant de points de mire. »

J'arrête là mon plaidoyer et je reviens à mon rôle d'accusé.

Je ne m'amusais pourtant pas toujours au Palais de

Justice; il m'arrivait même assez fréquemment de m'y faire assez de bile en voyant ce qu'étaient certains avocats à mon égard, M. Jules Favre, par exemple, qui a passé sa vie à plaider contre moi, parce que j'avais raconté dans ma *Chronique* une ou deux anecdotes sur lui. Celle-ci, par exemple :

M. Jules Favre plaidait, à Lyon, pour une bonne qui avait volé sa maîtresse; cette dernière, si ma mémoire est fidèle, s'appelait madame Chiroude ; M. Jules Favre, décidé à faire acquitter sa cliente, voulut prouver, avec son éloquence habituelle, que celle-ci était non-seulement blanche comme neige, mais que, de plus, sa maîtresse était seule coupable et s'était volée elle-même ! Il déploya tant d'énergie, d'acharnement, de cris, qu'au milieu de sa plaidoirie il tomba tout à coup sans connaissance.

On juge de l'émoi que causa cet évanouissement dans l'auditoire. Madame Chiroude, elle-même, effrayée de ce spectacle et cédant à un mouvement instinctif de bon cœur, fit passer son flacon de sels qu'on fit respirer à M. Jules Favre.

Celui-ci revint bientôt à lui, rouvrit les yeux, se releva, retroussa sa manche et continua en ces termes : « Je disais donc que cette misérable... » et en prononçant cette épithète, il montrait du doigt madame Chiroude ! Le président, indigné, lui retira immédiatement la parole.

En rendant compte de cet événement, j'avais ajouté dans *le Lampion,* mon journal d'alors : « La vipère était réchauffée ! »

Cette plaisanterie, escortée de plusieurs autres, bien méritées d'ailleurs, m'avait concilié l'antiphatie la plus sincère du grand avocat, et c'était avec joie qu'il se précipitait sur toutes les occasions de plaider contre moi. Il n'y gagna pas sa fortune, s'il est vrai, comme on me l'a raconté, qu'un certain comte de ses clients lui avait envoyé pour tous honoraires deux cuissots de chevreuil, dont la note n'avait pas été acquittée chez Chevet, et qu'il fut obligé de payer de ses propres deniers.

Une autre fois, par exemple, je me procurai le plaisir de mettre en défaut son incontestable éloquence. Siraudin avait inséré dans mon journal un article à propos d'un concert que mademoiselle Nelly venait de donner au Théâtre-Lyrique ; il avait ajouté que M. Fiorentino, qui écrivait à la fois à *l'Entr'acte,* au *Constitutionnel* et au *Moniteur,* pouvait bien faire organiser pour qui il voulait des concerts qui ne rapportaient pas moins de 17,000 francs. Mademoiselle Nelly plaida.

Nous voilà donc un beau matin sur les bancs de la sixième Chambre, moi et Siraudin ; moi comme gérant du journal, Siraudin comme signataire de l'article

Je me trouvais assis à peu de distance de M. Jules Favre, Siraudin était à ma droite, du côté de l'auditoire.

J'écoutais, comme j'eusse fait pour un virtuose, cet homme doué d'un véritable talent, plus impressionnant quand il s'est échauffé à parler pendant quelque temps ; la haine étincelait dans ses yeux, soufflait dans ses narines gonflées, le fiel semblait couler des coins de sa bouche ; il ne se possédait plus, à ce point qu'il se trompait souvent de mots, disant, par exemple, *le Charivari* au lieu de *le Figaro* ; arrivé à un certain moment de son plaidoyer, il s'écria avec fureur, en levant les yeux au ciel : « Le rédacteur de cette feuille venimeuse, trempa alors sa plume dans le venin et… »

Ici je me levai tout doucement ; ceux qui virent mon mouvement dans l'auditoire durent croire que j'allais m'élancer sur lui ; tout entier à ses injures, il ne me regardait plus ; sans bruit, je fis passer Siraudin à ma place, en lui disant tout bas : « A vous, Monseigneur ! » Puis je me mis à la sienne. Ce manége dura au plus une demi-seconde.

Quand le dieu de l'éloquence eut terminé son apostrophe et voulut en considérer l'effet sur moi sans cesser de parler, il se troubla subitement : les accusés n'étaient plus là où il avait pris, depuis un instant, l'habitude de les voir; au lieu d'un gros, il en trouvait un maigre près de lui ; au lieu d'un chevelu, il avait un chauve sous les yeux !

L'effet fut tellement comique que le président, les juges eux-mêmes, ne purent s'empêcher de cacher leurs rires derrière les dossiers qu'ils avaient l'air de feuilleter.

Nous fûmes condamnés à 16 francs d'amende. La peine était douce; on le jugea ainsi, puisqu'il y eut appel *a minimâ* et qu'on nous décerna une condamnation plus forte.

Toutes ces aménités de M⁰ Favre me décidèrent à me venger, mais comme il convient au *Figaro*, en faisant une sorte de scie bien gaie et qui mît les rieurs de mon côté. J'avais en ce moment-là six procès à soutenir. J'écrivis alors un article dont voici les principaux passages :

Un bon procès suffit, sans contredit, à la consommation d'un seul homme ; je vous laisse à penser s'il faut un gaillard d'une certaine trempe pour conduire de front une demi-douzaine de procès. Quant à moi, je me fais l'effet de ces écuyers du cirque qui courent la poste royale, debout sur six chevaux au galop.

Le public doit être exaspéré contre moi, et je le suis

plus que lui, je vous assure, de ne pouvoir ouvrir un journal sans y trouver chaque matin mon nom répété à deux ou trois reprises sous la rubrique *Tribunaux*. Il semble que le Palais n'ait été bâti que pour moi et M. Mirès, qui mène, lui aussi, à grandes guides, son petit quadrige de procès.

M. Mirès et moi, nous donnons au public le spectacle nouveau d'un handicap judiciaire. Il y a eu un moment où c'était moi qui tenais la corde ; mais, à son tour, il m'a distancé, et maintenant il est si bien lancé qu'il court encore, sans s'apercevoir que le voilà tout seul sur le turf.

Savez-vous, mes chers lecteurs, à quel chiffre s'élève le total des dommages et intérêts réclamés par mes adversaires ? A 326,500 francs ! J'en suis quitte pour dix modestes louis à verser dans les mains du caissier du Trésor public. A coup sûr, j'aurais mauvaise grâce à me plaindre. Aussi je me tiens pour content, et le plus ardent de mes vœux est de ne pas me représenter de longtemps devant la justice ; car, tout en me donnant raison, elle pourrait bien finir par se faire une fâcheuse opinion d'un plaideur en si fréquent état de récidive.

Ces procès m'ont valu, ma modestie ne me permet pas de le taire, une certaine célébrité dans les régions du Palais. Le jour de mon affaire avec madame de

Solms, il y avait à l'audience affluence de dames.

J'entendis une des plus jolies dire à un avocat, au moment même où je fendais la foule pour aller prendre ma place *habituelle* sur la sellette :

— Je voudrais bien voir M. de Villemessant.

— Madame, repris-je en saluant avec mon plus gracieux sourire, permettez-moi de vous le présenter.

Et comme je vis l'incarnat monter aux joues de la jeune dame, ainsi surprise en flagrant délit de curiosité :

— Ne rougissez pas, madame, continuai-je ; ce n'est pas d'aujourd'hui que les filles d'Eve ont aimé voir de près les grands criminels.

Tout en écoutant l'autre jour la plaidoirie de M. Jules Favre, qui me déchirait à belles dents, je me faisais à moi-même les réflexions que voici :

A une époque de progrès comme celle où nous vivons, est-ce qu'il n'y aurait pas une réforme à introduire dans les mœurs judiciaires du barreau ?

Il n'est pas, à mes yeux, de plus noble, de plus belle profession que celle d'avocat. Il y faut l'éloquence et l'esprit, les deux choses que j'admire le plus au monde. Mais autant je professe d'estime pour l'avocat qui, lorsque deux plaideurs sont en présence, consacre son talent et ses veilles à la défense d'une cause qu'il sait juste et bonne, autant j'éprouve d'antipathie pour celui qui, convaincu dans le fond de sa conscience que c'est son client qui a tort, se bat les flancs pour faire triompher le mensonge, et couvre de sa parole dorée ce qu'il sait être le contraire de l'équité.

Ce que je condamne surtout, et ce que tous les honnêtes gens condamnent avec moi, j'en suis sûr, c'est ce droit monstrueux que certains avocats s'arrogent de prendre à partie, non-seulement l'adversaire de leur client, mais aussi les témoins qu'une circonstance fortuite peut avoir rattachés à la cause.

Exemple :

Un monsieur passe par hasard dans la rue, et, à son grand regret, il assiste à un accident, à l'accomplissement d'un délit quelconque, d'où résulte une action judiciaire. Il est assigné comme témoin. Le voilà, à son corps défendant, forcé de déposer ce qu'il a vu pour venir en aide à la justice. Comment va procéder l'avocat de la partie adverse, pour infirmer ce témoignage qui *l'embarrasse* ?

Gare au témoin s'il a quelque chose à cacher, s'il a des dettes ou des maîtresses, s'il est jeune, s'il s'est battu en duel, s'il a dans sa famille une sœur, un frère, un cousin, un arrière-petit-cousin dont la conduite offre prétexte à la critique ! On flétrira, si besoin est, jusqu'à la mémoire de son père et de sa mère, pour fournir un argument de plus à la défense.

Si loyal, si honnête, si sérieux qu'on soit, voilà ce

qu'il en coûte quand on est témoin. Mais quand on a le malheur d'être adversaire, oh! alors, c'est bien autre chose. Tout est de bonne guerre contre vous, même les détails les plus étrangers à la cause. Qu'on vous décrie, qu'on vous diffame, qu'on vous calomnie, qu'on vous traîne dans la boue, qu'on vous assoie sur la sellette, tout est permis, *c'est le droit sacré de la défense.* Vos affections, vos protecteurs, vos proches, vos amis, vos ancêtres, tout est soigneusement épluché. Votre vie a beau être à l'abri de tout reproche, on trouvera toujours bien à mordre sur quelqu'un de vos trisaïeux.

— Si ce n'est toi, c'est donc ton frère !
— Je n'en ai point. — C'est donc quelqu'un des tiens.

Quant à protester, impossible : il est interdit d'interrompre; vous répondrez quand l'orateur aura fini de vous déshonorer.

Vous figurez-vous quels services tels ou tels avocats rendraient à la justice, et j'ajouterai à l'équité, le jour où, supprimant toutes les vocalises de la calomnie, renonçant à l'abus dont je parle, ils borneraient leurs plaidoiries à un exposé bien net, bien clair et bien simple de l'affaire qu'ils auraient à défendre ?... Que de paroles et que de temps de moins de perdus !

Par malheur, il est fort à craindre que la réforme que j'invoque se fasse encore longtemps désirer.

En attendant, pourquoi n'instituerait-on pas devant les tribunaux des sténographes assermentés chargés de fixer sur le papier le texte même des discours de MM. les avocats? Toutes les fois qu'un membre du barreau se serait permis, à l'endroit d'un adversaire, une insinuation injurieuse ou diffamatoire, une imputation dénuée de fondement, une de ces accusations impossibles à réduire à néant séance tenante, parce qu'elles vous surprennent désarmé en pleine audience, l'offensé, s'appuyant sur la sténographie, aurait le droit de faire la preuve des faits contraires et de requérir contre l'offenseur telles peines qu'il plairait au tribunal d'appliquer.

Que d'honnêtes gens reculent devant un procès juste en lui-même dans la crainte du scandale qui peut en rejaillir sur leur nom!

Comment la loi qui veut que la vie privée ne soit ouverte à personne, est-elle une lettre morte pour messieurs les avocats? Est-ce que ma cause en sera moins bonne et ma parole moins croyable parce qu'il se trouvera une tache dans le passé d'un de mes parents?

On me dira : l'abus que vous signalez est le fait d'une faible minorité; j'en conviens. Mais alors que l'ordre tout entier consente à se modeler sur le ministère public, qu'il en ait la dignité, le calme, la consciencieuse autorité; qu'il se renferme strictement dans les faits de la cause et cesse de faire litière de l'honneur et de la réputation des plaideurs; qu'il regarde, en un mot, sa mission comme un sacerdoce et non comme un brevet d'impunité, et il n'aura qu'à gagner encore en prestige et en considération.

Mᵉ Jules Favre me fait l'honneur de me compter au nombre de ses ennemis : J'en suis bien aise. C'est le contraire qui m'affligerait. Si grande est sa joie quand il a le bonheur de plaider contre moi, qu'il accepte toutes les causes du moment qu'elles lui procurent la satisfaction de se donner carrière à mes dépens.

Il les perd, c'est vrai, mais enfin il m'adresse pas mal d'injures, et cela lui soulage le cœur.

Voyez comme Mᵉ Jules Favre a peu de chance : il se flatte, j'en suis certain, de m'être excessivement désagréable, et il se trompe du tout au tout.

J'ai des goûts très-artistes, moi; l'éloquence surtout me charme et me séduit. M. Jules Favre est passé maître en l'art de bien dire. Quand je l'entends parler, je suis tout oreilles; il m'a récemment *éreinté* pendant plusieurs heures. Je me plais toutefois à reconnaître qu'il ne m'a point accusé de détrousser les passants. Eh bien! en écoutant Mᵉ Jules Favre, j'ai parfaitement oublié que c'était de moi qu'il s'agissait.

Il est affligé d'un hoquet singulièrement fatigant : je m'y suis fait.

Il laisse tomber, en parlant, une longue lèvre que certes personne n'a envie de ramasser ; mes yeux se sont accoutumés à ce spectacle.

Puis, après ce double effort sur moi-même, je me suis pris à l'écouter avec un si vif intérêt, qu'au moment où il terminait sa catilinaire, j'ai dit à M. B..., mon voisin :

« — Je donnerais bien dix louis pour qu'il parlât encore un quart d'heure. »

D'où il suit que sans le vouloir, sans s'en douter, M. Jules Favre joue à mon bénéfice, et me fait, de plus, le service d'une excellente stalle gratis auprès de lui.

Vous me direz que, sur cent avocats, il y en a quatre-vingt-dix-neuf qui, retenus par des scrupules de bienséance et de respect humain, raisonneraient ainsi : « Je ne me reconnais pas le droit de plaider contre un ennemi personnel. Je craindrais de me laisser emporter malgré moi par un esprit de rancune et d'animosité involontaire. »

Heureusement pour ses auditeurs, Mᵉ Jules Favre est au-dessus de pareilles faiblesses.

La vengeance, a dit un grand politique, est un mets qui veut être mangé froid, et Mᵉ Jules Favre n'a point oublié que, dans un temps de luttes politiques, j'ai imprimé, dans *la Chronique de Paris,* que le meilleur moyen de le faire monter à la tribune, était d'y déposer une jatte de lait.

Pendant que M⁰ Jules Favre s'escrimait contre moi, oubliant souvent son client pour ne penser qu'à sa revanche personnelle, et surtout pour soigner sa petite péroraison de rigueur, à l'adresse des jeunes stagiaires qui viennent l'écouter, comme les pianistes en herbe vont entendre Thalberg ou Prudent, je me disais à part moi : « Voici un orateur qui, malgré son incontestable talent, ne réussira pas à me faire condamner, parce que ma cause est bonne. Je veux lui donner la preuve que je suis un bon et excellent garçon, qui n'a pas la moindre rancune au cœur. »

M⁰ Jules Favre est, sans contredit, un parfait honnête homme, puisqu'il représente le parti républicain, et de même que MM. Paillet, Liouville, Bethmont (de regrettable mémoire), de même qu'aujourd'hui MM. Marie, Berryer, Leblond, Desmarest, Grévy, Allou, Dufaure, Nogent-Saint-Laurent, Celliez, Mathieu, Andral, Plocque, etc., etc., il refuserait, c'est un fait que personne n'oserait mettre en doute, un procès qu'il considérerait comme injuste ou comme déloyal. Donc, s'il n'a mis son talent qu'au service de bonnes causes, il a dû gagner presque tous ses procès ?

Eh bien ! je vais reprendre la carrière de M⁰ Jules

Favre à partir de ses débuts au barreau, je vais *tisonner* dans la collection de la *Gazette des Tribunaux*, et, dans chaque numéro du *Figaro*, je donnerai le résumé succinct d'une cause importante qu'il aura perdue ou gagnée. — Je commencerai par le plus petit nombre, par les causes perdues ; puis, ensuite, je publierai les causes gagnées par lui.

Quel titre donner à cette revue rétrospective ? Voici celui auquel je me suis arrêté.

Il existe chez certain traiteur *favorisé* de la pratique des auteurs dramatiques de l'avenir, une collection d'ardoises sur lesquelles chaque habitué a un compte ouvert.

Je vais ouvrir un compte à mon honorable *client* sous ce titre fantaisiste :

ARDOISE DE Me JULES FAVRE.

Et effectivement, quelques jours après cet article, je commençai la fameuse ardoise.

J'étais bien sûr de toucher mon homme dans le vif ; rien ne pouvait lui être plus désagréable que cette litanie de ses causes perdues : en effet, je n'étais pas le seul à remarquer que M. Jules Favre, malgré son immense talent, plaide plutôt pour lui-même, pour sa réputation d'éloquence que pour son client.

Cette liste de procès non gagnés, forçait le public à constater que, malgré sa valeur oratoire, M. Jules Favre apportait en préciput, dans chaque cause, l'antipathie qu'il inspirait aux juges.

Je viens de dire que ce grand avocat plaidait pour lui-même, plutôt que pour ses clients ; je dois loyalement reconnaître qu'il y a un peu d'exagération dans ce que j'ai avancé ; il existe, on m'a même signalé plusieurs procès dans lesquels M. Jules Favre s'est aussi occupé de ceux pour qui il plaidait ; ces procès sont fort rares, il est vrai, mais en cherchant bien, on finirait peut-être par en trouver quelques-uns.

Revenons à la fameuse ardoise :

C'était *la Gazette des Tribunaux* et *le Droit* qui me fournissaient mes arguments, exemple :

Collection du Droit. — *Année* 1845
et 1ᵉʳ *semestre* 1846.

ARDOISE DE Mᵉ JULES FAVRE.

1ʳᵉ SÉRIE. — N° 1.

2 janvier. — M. Delaroche, gérant du *National,* appelle d'un jugement qui l'a condamné à un mois de prison et 300 francs de dommages-intérêts pour diffamation envers M. Ulysse Pic, rédacteur en chef de *l'Union de la Sarthe.*

La Cour confirme le jugement rendu contre le client de Mᵉ Jules Favre.

18 janvier. — M. Baroche demande devant la Cour, au nom de madame C..., l'interdiction de M. C... fils, ou tout au moins la nomination d'un conseil judiciaire.

La Cour nomme un conseil judiciaire au client de Mᵉ Jules Favre.

13 mars. — M. le marquis de L... avait sommé *le National* d'insérer une lettre dans laquelle il rectifiait une assertion de ce journal.

Le National avait fini par insérer la réclamation en changeant deux mots. — M. le marquis de L... fait au *National* un procès en refus d'insertion. Le tribunal, après avoir entendu une plaidoirie et une réplique de l'auteur d'*Anathème*, condamne le client de Mᵉ Jules Favre à insérer dans les trois jours la lettre du plaignant, et, en outre, à payer 50 francs d'amende et le dépens.

23 mars. — Mᵉ Jules Favre soutient la plainte portée par M. C... contre madame de D..., en dénonciation calomnieuse. Le tribunal tout en constatant que madame de D... a agi d'une façon plus que légère, la renvoie des fins de la plainte.

Le client de Mᵉ Jules Favre est condamné aux dépens.

26 mars. — Suite de l'affaire C... — Me Jules Favre demande que les enfants de M. C... soient remis à son client pour être placés dans un pensionnat à Auteuil. — Sur la demande de madame C... mère, le tribunal ordonne que les enfants seront conduits à Bayeux dans une maison indiquée par la cliente de Me Baroche.

27 avril. — Me Jules Favre soutient devant le Tribunal de commerce, une demande formée par MM. de T... et de F..., contre les administrateurs du chemin de fer de Strasbourg.

Le Tribunal déclare les clients de Me Jules Favre mal fondés et les condamne aux dépens.

2 mai. — Un sieur L..., concessionnaire du droit de construire sur les boulevards des bornes-affiches, assigne devant le Tribunal civil, en 3,000 francs de dommages-intérêts, un sieur F..., qui s'est avisé de barbouiller de noir toutes les affiches apposées sur les vespasiennes. — Le Tribunal condamne le client de Me Jules Favre en 2,000 francs de dommages-intérêts et aux dépens.

20 juin. — Une succession est revendiquée par deux familles devant le tribunal civil, qui prononce contre les clients de Me Jules Favre, et les condamne aux dépens.

11 août. — M. de Saint-Salvi réclame à M. Vatel,

directeur des Italiens, la jouissance d'une loge de six places.

Mᵉ Jules Favre plaide pour M. Vatel, qui perd son procès.

⁎⁎⁎

Comme on le pense bien, cette aimable récapitulation de quelques-unes de ses causes perdues ne fut pas du goût de M. Jules Favre ; il se rendait bien compte de la défaveur que cette nomenclature devait jeter sur lui.

A peine eus-je commencé cette liste que M. Alexandre Martin, député et ex-maire d'Orléans, un de mes amis d'enfance, vint me trouver.

— Je viens, me dit-il, vous demander un service.

— Et lequel ?

— Ne continuez pas votre *ardoise de Jules Favre*.

— Pourquoi ?

— D'abord pour me faire plaisir, et puis dans votre métier de franc-diseur, on est exposé à la haine de tout ce qui est bête et méchant ; vous aurez peut-être besoin de lui, et je vous garantis que vous le trouverez.

— Que votre volonté soit faite, lui répondis-je, en riant, et le lendemain *le Figaro*, publiait la lettre suivante :

« *A Monsieur Jules Favre.*

« Monsieur,

« Un de vos confrères, un de vos amis, un admirateur de votre talent, sort de chez moi. Il sait que je ne suis pas homme à me formaliser d'entendre la vérité, et il m'assure que vos collègues ont vu de la haine et de la colère là où il n'y avait qu'un grain de malice et d'espièglerie : c'était une *scie* à la *Figaro*, pas davantage.

« Si vous me connaissiez, monsieur, vous sauriez que je n'ai pas plus de fiel qu'un enfant ; je pousse même si loin l'oubli, pour ne pas dire l'indifférence, à l'égard des injures qu'on m'a dites, ou du mal qu'on m'a fait, que mes amis me font presque un reproche de ne savoir garder rancune à aucun de ceux qui m'ont donné le droit de leur en vouloir.

« Depuis dix ans, il n'a pas manqué de petits Jules Favre en sevrage pour venir essayer leurs ongles sur ma peau. Leurs noms, je les ai tous oubliés, à supposer, ce qui est douteux, que je les aie jamais connus. Pauvres jeunes gens ! de quoi sont-ils coupables ? D'avoir saisi l'occasion de mettre leur personnalité en lumière, en portant la parole contre un journal dont chaque procès a de l'écho dans le monde, et de se trouver en face de M⁰ Lachaud, un des princes de l'éloquence.

« Mais que vous, monsieur Jules Favre, de qui la réputation n'est plus à faire, vous, un orateur en renom, un bâtonnier d'hier, une gloire du barreau, une des étoiles de la tribune, vous, pour tout dire, un chef de parti, vous vous amoindrissiez au point de plaider contre moi quand même, fussent-ce des causes ingagnables, puisque vous les perdez toutes, — voilà ce que je n'ai pas compris, ce que je ne saurai jamais comprendre.

« Vous venez, en quelques semaines, de me tenir durant neuf heures trois quarts sur la sellette. Chaque fois, vous aviez grand soin de disposer sous votre main un petit tas de paperasses que vous appeliez pompeusement mon *dossier*.

« Mon dossier, maître Jules Favre, il est plus volumineux que cela! Il faudrait, pour le porter, quatre commissionnaires armés de leur crochets, car il y aura tantôt vingt ans que je fais des journaux. — Ce dossier, maître Jules Favre, vous le savez mieux que personne, on n'y saurait découvrir un mot que réprouve la délicatesse ou l'honneur.

« Tout homme en possession de la notoriété, à quelque titre que ce soit, ne saurait se préserver d'avoir des ennemis. J'ai les miens, vous avez les vôtres. Croyez qu'ils ne se sont pas fait faute de m'apporter sur votre vie privée les calomnies les plus intimes et les plus secrètes. — Est-il venu à ma pensée d'en faire usage? Jamais. J'en ai perdu jusqu'au souvenir.

« Mais votre passé d'avocat, il me semblait que, sans m'exagérer les droits de la défense, il m'appartenait tout entier, au même titre que les livres, bons ou mauvais, d'un écrivain vous appartiendraient à vous-même, s'il vous arrivait d'avoir à parler contre lui.

« Voilà tout simplement, maître Favre, ce que j'appelais votre *ardoise;* c'était, comme vous venez de le voir, un choix parmi *vos causes célèbres*, un rapide exposé de chacune de vos nombreuses victoires et de vos rares défaites; c'était, pardonnez-moi la métaphore, votre bilan d'avocat.

« Peut-être cette évocation inopportune de quelques revers plus ou moins mérités eût-elle eu le don d'agacer l'épiderme de votre amour-propre. — Je n'en demandais pas davantage, et, franchement, c'était une bien innocente revanche de tout ce qu'il vous a plu de débiter à mon endroit.

« Mais du moment qu'on peut prêter à cette gaminerie littéraire les proportions d'une vengeance, j'interromps ma série à peine commencée; il m'en coûte moins de renoncer au petit plaisir que j'en espérais, que de me priver de la satisfaction de vous entendre, car je n'ai pour goûter l'éloquence de votre parole que les occasions où elle s'escrime contre moi. Et je ne doute pas que la position que je vous eusse faite ne vous eût décidé à vous abstenir, dans la crainte d'apporter à la barre une pensée personnelle, incompatible avec le sentiment de la justice dont tout avocat homme de bien doit être animé.

« J'aurais donc, si je persistais dans mon idée mal interprétée, tout à perdre et rien à gagner. »

M. Martin me remercia beaucoup de cet article :
— Je connais Jules Favre, me dit-il, c'est un honnête homme qui n'a que sa parole. Effectivement, une fois, par reconnaissance, M. Jules Favre refusa de plaider contre moi, je dois le reconnaître, dans une affaire à peu près insignifiante; il s'est bien rattrapé depuis!

Les aménités des avocats pour moi n'avaient de comparables que celles de certains ministres et de certains juges d'instruction; je ne dis pas de tous, car on trouve des gens bien élevés partout.

Je me rappelle, parmi les plus grossiers personnages que j'aie vus, un certain juge d'instruction dont la physionomie m'est absolument restée gravée dans la mémoire.

J'ai, du reste, beaucoup étudié ces messieurs, et c'était un plaisir pour moi de voir les allées et venues de curiosité que j'occasionnais dans leurs cabinets, quand j'y étais appelé ; mon nom commençait à faire un certain tapage, et ma personnalité les intéressait, paraît-il, beaucoup.

En effet, à peine étais-je installé pour répondre aux questions qui m'étaient posées qu'une porte s'ouvrait ; un de ces messieurs, à l'air sérieux, très-affairé, s'approchait de celui devant qui j'étais et lui disait sans avoir l'air de m'avoir aperçu : « Cher maître, vous n'auriez pas le dossier de un tel? » puis il partait, non sans m'avoir examiné du coin de l'œil des pieds à la tête.

— Tenez, dis-je un jour en riant à mon juge d'instruction, je ne suis pas plus bête qu'un autre ; je ne suis pas dupe de toutes ces visites; vous faites une petite recette avec moi, vous m'exhibez, je conterai cela un de ces jours dans *le Figaro*.

Je tiens aujourd'hui ma promesse.

Mais ce n'est pas de celui-là qu'il s'agit présentement ; il était fort aimable, tandis que celui de qui je vais parler, était l'ours le plus mal léché que j'aie jamais rencontré.

Un jour, à propos du duel de de Pène, je fus appelé avec Bourdin, mon gendre, au cabinet d'un juge d'instruction ; l'indication de l'heure était précise, il n'y avait pas à songer seulement à une seconde de retard.

Nous arrivons dans la salle d'attente, bien justement nommée ainsi ; nous remettons notre lettre à un garçon qui l'emporte et nous attendons, fort longtemps, ma foi ; voyant qu'on ne nous faisait pas entrer, et croyant qu'on nous oubliait, j'écrivis sur une feuille de papier que nous étions assez pressés, et que M. le juge d'instruction nous obligerait beaucoup s'il pouvait remettre le rendez-vous au lendemain, puis nous attendîmes.

Tout à coup la porte du cabinet s'ouvrit, il en sortit un petit homme furibond qui, nous toisant du regard, nous dit d'une voix pleine de colère :

— Vous saurez que vous resterez ici tant que cela me fera plaisir !

— Il y a un excellent moyen pour ne pas attendre, c'est de jouer de l'escarpin, répondis-je en prenant mon chapeau.

— Gardes ! assurez-vous de lui ! dit-il en me montrant du doigt aux gardes de Paris qui font le planton d'antichambre.

— Oh ! fis-je en me rasseyant, dès l'instant que vous employez ces moyens-là, vous pouvez être tranquille, je ne bougerai pas !

Puis il rentra dans son cabinet comme il était venu. En un mot le garçon nous fit comprendre à qui nous avions affaire :

— C'est un ours ! nous dit-il en haussant les épaules.

Enfin un coup de sonnette retentit, le garçon de bureau disparut, puis reparut en nous disant :

— Vous pouvez entrer.

Enfin nous allions être délivrés. Nous entrons dans le cabinet et, sans lever la tête de son bureau, le petit homme nous dit :

— Vous reviendrez demain à la même heure.

Cette fois, Bourdin n'y tint plus ; il s'avança vers lui pâle de colère et lui dit :

— Soit, mais je veux être taxé comme témoin !

Un peu ému de l'accent de Bourdin, le petit homme répondit :

— Eh bien, vous le serez !... Mais, qui êtes vous ?

— Monsieur est M. Bourdin, mon gendre, répondis-je ; il est avocat, rédacteur au *Droit,* et sait très-bien quelles sont les obligations des témoins et des magistrats.

La réponse était correcte, notre homme n'avait rien à dire, quelque volonté qu'il mît à nous chercher noise.

En sortant, je rencontrai Lachaud et je lui racontai l'incident.

— Prenez garde, nous dit-il, faites bien attention, il est capable de vous tendre un piége consistant à vous exaspérer, et de vous faire arrêter.

— Mais c'est donc un tigre ! fis-je en riant.

— Oui et non, et puisque nous sommes entre nous, je puis bien vous dire que, s'il se fait redouter du public, il procure des moments de gaieté à la Cour et au Palais. Ainsi, par exemple, le jour où il a été appelé à son emploi, il rencontra Delangle dans la salle des Pas-Perdus.

— Cher ami, je suis nommé juge d'instruction ! lui dit-il, avec expansion.

— Je t'en félicite, lui dit gravement Delangle, en homme qui sait comment on fait *poser* les gens ; je t'en félicite, mais sais-tu bien quels sont les droits et les devoirs d'un juge d'instruction ?

— Si je sais ! répondit-il avec volubilité, le juge d'instruction est celui qui, dans chaque tribunal de 1re instance, est chargé d'instruire les affaires criminelles ; il a le droit d'agir sans l'assistance du procureur royal dans le cas de flagrant délit, il délivre des mandats d'amener, de mandats de dépôt !

— Est-ce tout ?

— Il est tout-puissant dans son cabinet, c'est un capitaine à son bord, il a droit de vie et de mort ; ainsi s'il me plaît, j'assigne le duc d'Orléans, je lui ordonne de comparaître et, s'il ne vient pas, je le fais arrêter !

— Oh ! tu aurais tort, fit froidement Delangle.

— Tu ne me comprends pas, répond notre juge d'instruction, c'est une supposition !

— Non, non, tu aurais tort, continue Delangle, comme s'il n'avait pas entendu, cela ne se fait pas, tu outre-passerais tes pouvoirs.

— Mais je te dis que je suppose...

— Tu aurais tort! poursuit Delangle en s'éloignant et sans vouloir entendre ses protestations.

Le lendemain, mon juge d'instruction rencontre Lachaud; naturellement il lui parle de sa nomination, puis de Pierre et de Paul.

— Pas très-fort, Delangle, dit-il à Lachaud, il prend tout au sérieux; croirais-tu qu'hier, comme je lui parlais des droits qui me sont conférés, et que je lui disais, par supposition, que je pourrais faire arrêter le duc d'Orléans lui-même...

— Pas un mot de plus! fit Lachaud sévèrement, tu aurais absolument tort de faire arrêter le duc d'Orléans.

— Tu ne me comprends pas! Je te dis...

— Non, continua Lachaud, on ne fait pas arrêter le duc d'Orléans, son père, Louis-Philippe, est très-populaire...

— Je te dis que c'est une supposition!

— Crois-moi, dit Lachaud en s'éloignant sans vouloir l'entendre non plus, crois-moi, tu vas te faire une mauvaise affaire!

Cette *scie* de Palais dura, paraît-il, fort longtemps, et toutes les fois qu'on rencontrait le malheureux juge d'instruction, on lui disait, d'un air confidentiel : « Croyez-moi, ne faites pas arrêter le duc d'Orléans; son père est un homme très-bien, etc., etc., » et, chaque fois, c'était un nouvel accès de désespoir du martyr de Delangle.

Je reviens à mon affaire.

Mandé au cabinet de ce singulier juge d'instruction, dans la forme que j'ai dit plus haut, je me gardai bien, après l'avis amical de Lachaud, de ne pas me trouver au rendez-vous.

Cette fois j'attendis infiniment moins longtemps que la première. On m'introduisit dans le cabinet de mon aimable juge au bout d'un quart d'heure.

— Asseyez-vous, dit-il sèchement dès que j'entrai chez lui.

Je pris une chaise et j'attendis. Il s'installa bien dans son fauteuil et me regarda fixement :

— Vous savez, me dit-il, que vous faites un infâme journal !

Je ne sourcillai pas, me rappelant l'avis salutaire de Lachaud.

— C'est, continua-t-il avec la même impertinence, une feuille de duels !

— Je vous ferai observer, dis-je avec une politesse exquise, que lorsque l'article incriminé a paru, j'étais en voyage et que les quelques lignes, causes du duel, étaient extraites du journal *la Mode*.

Il n'y avait rien à reprendre à cela. Mon doux juge parut réfléchir et me dit :

— Continuons ! Vous avez à me déclarer tout ce que vous savez des événements qui se sont passés.

J'eusse bien pu répondre, mais les façons de ce niais, ivre de son pouvoir et que je sentais me tendre des piéges, me commandaient la réserve.

— Je ne sais rien de ce dont vous me parlez, répondis-je simplement.

— Vous ne savez rien ?

— Oh ! rien du tout, continuai-je de même.

— Pouvez-vous me dire s'il existait dans votre journal une inimitié personnelle entre M. Z... et M. X...?

— Je ne puis vous le dire parce que je n'en sais rien.

— Que savez-vous de l'affaire en elle-même ?

— Absolument rien !

— Pouvez-vous me renseigner sur ce point...
Je l'arrêterai.

— Sur aucun point, puisque je n'ai rien écrit et que je n'ai assisté à aucun incident de l'affaire.

Et ainsi de suite jusqu'à la fin. Ma politesse exagérée le rendait furieux ; je le voyais bien et je m'en réjouissais. En vain il prenait ses airs les plus insolents, j'étais décidé à ne pas lui faire le plaisir d'une réponse qui m'eût infailliblement conduit au dépôt de la préfecture.

Voyant que son temps s'écoulait en pure perte et que j'étais plus fort que lui, l'aimable personnage dit à son greffier :

— Lisez et faites signer.

Le greffier lut mon interrogatoire et mes réponses. Quand il eut fini :

— Et il faut que je signe ce boniment-là? demandai-je en souriant.

Cette fois le visage du juge d'instruction s'illumina, il croyait me tenir.

— Oui, monsieur, fit-il, les yeux étincelants de rage et d'espoir.

— Il le faut?
— Oui!
— Vous le voulez?
— Oui!

— Je le signerai donc! fis-je en prenant la plume et avec une voix douce comme celle d'une jeune fille. Je paraphai consciencieusement et je sortis, me confondant en salutations.

Une fois dehors je me donnai une poignée de main, j'étais content de moi!

On soupçonne la rancune que je gardais à ce juge d'instruction. Un soir que j'étais au Vaudeville, je l'aperçus au foyer, causant avec Claudin. Quand la conversation fut finie, je dis à Claudin :

— Vous connaissez donc ce monsieur?

— Oui, c'est X... le juge d'instruction, il me parlait justement de vous.

— Et que vous en disait-il ?

— Il disait que vous étiez l'homme le plus charmant du monde.

On se figure mon étonnement. Après réflexion, je me félicitai de cette appréciation de mon personnage. Qui sait, me disais-je, j'aurai peut-être un jour affaire à lui, il vaut mieux être en bons termes qu'en mauvais.

Justement, à quelque temps de là je fus volé et j'appris par une lettre de convocation que c'était lui qui était chargé d'instruire l'affaire. J'étais tout enchanté d'entrer d'une façon plus agréable dans ce cabinet que j'avais pris en horreur. J'y allai à l'heure dite et... je fus aussi mal reçu par ce monsieur cette fois que la première.

Dans une autre circonstance, j'eus cependant l'occasion de constater que les juges d'instruction n'apportent pas dans l'exercice de leurs fonctions une aussi grande régularité de mauvais procédés.

C'était à propos de l'affaire de l'huissier Baudin, dont j'ai déjà parlé dans ces Mémoires.

Un jour que j'étais à Blois, je reçus une lettre m'invitant à me rendre immédiatement au parquet. Je me demandai ce qui pouvait motiver cet empressement à me déranger, et comme je ne trouvai rien, je me rendis à Paris ; par parenthèse, il faisait un froid que je me rappellerai longtemps.

J'arrive chez mon juge d'instruction. Je trouve un personnage qui me reçoit avec la plus grande sécheresse, et qui me tient à peu près ce langage :

— Nous trouvons, monsieur, que vous faites beaucoup trop de bruit à propos de la légère erreur qu'un huissier a commise à votre préjudice.

— Mais l'erreur est réelle.

— Soit ! mais il ne nous convient pas qu'on plaisante ainsi un officier ministériel ; vous réclamez 40 centimes, les voici, monsieur.

Et d'un geste plein de noblesse, il posa devant moi deux pièces de quatre sous. Je les recueillis comme deux objets précieux, et de l'air le plus simple, je lui dit :

— Chose singulière, monsieur, tout le monde ne prend pas autant que vous cette plaisanterie au sérieux. Ainsi, j'étais hier soir au théâtre quand M. Mocquard, le secrétaire de l'empereur, vint à moi et me demanda en riant, de sa part, si j'avais enfin reçu mes huit sous.

L'effet de ces quelques mots fut foudroyant ; les sourcils qui étaient froncés se détendirent, les yeux éteignirent leurs feux, la bouche sévère retroussa légèrement ses coins, l'aurore d'un sourire vint ouvrir doucement les lèvres de mon juge ; le nom de Mocquard, celui de l'empereur, mêlés à mon récit, avaient produit ce miracle.

J'insistai et je soulignai exagérément l'état de familiarité dans lequel je vivais avec le personnel du château. La glace fut tout à fait rompue, je me trouvai devant un homme charmant.

— Pardon ! lui dis-je avant de m'en aller, mais j'ai reçu de cet huissier une lettre de huit pages. Est-ce que je dois l'insérer ?

— Absolument inutile ; je me charge de tout !

— Mais si cependant il insiste ?

— Il ne dira rien, je vous réponds de son silence ! N'insérez pas un mot ! Les journaux ne sont pas faits pour propager de la prose d'huissier !

Nous nous quittâmes comme de vieux amis.

Rentré au bureau du journal, je n'eus rien de plus pressé que de faire immédiatement encadrer mes deux pièces de 4 sous. Carjat, qui à cette époque n'était pas précisément l'ami des huissiers, se chargea de ce soin. Nous entourâmes les pièces de 20 centimes de petites légendes et d'anecdotes, toutes en l'honneur des huissiers ou du moins relatives à leur corporation ; par exemple, le mot d'Alexandre Dumas, à qui on réclame de quoi faire inhumer un huissier qui vient de mourir.

— Combien ça coûte-il pour faire enterrer un huissier ? demande l'auteur de *Monte-Christo*.

— 15 francs !

— Tenez, voilà 60 francs, faites-en enterrer quatre !

Une légende conçue en ces termes dominait le cadre : « *Le Figaro* vient de rendre un grand service à la société, il a fait rendre gorge à un huissier ! »

Comme on le voit, si le Palais de Justice me procura beaucoup d'ennuis, il me donna aussi quelques joies.

Parlons maintenant sérieusement. Les procureurs généraux, ceux de qui relèvent les juges d'instruction, devraient bien veiller à ce qu'aucun bilieux de cette sorte (ils sont rares heureusement) ne soit mis en relations directes avec le public ; l'homme le plus doux du monde peut devenir furieux à s'entendre insulter ; un mouvement du sang peut porter à un acte de violence et l'on peut ressortir coupable, d'innocent qu'on était entré dans le cabinet du juge.

Il est terrible d'être à la merci de gens dont l'humeur est souvent motivée par un caprice de santé...

— Nous sommes perdus, me dit un jour un de mes avocats en entrant à l'audience.

— Pourquoi ? lui demandai-je.

Ici je demande pardon à mon lecteur.

— Parce que notre président est constipé, et qu'il n'a pas été heureux ce matin dans ses tentatives !

Partarieu-Lafosse était de ceux-là ; je sus le matin de mon procès avec Frédérick-Lemaître, dans quel état de santé il se trouvait ; je renonçai à me défendre et je reçus l'application du maximun de la peine.

C'est à ce dernier qu'on doit cette anecdote devenue célèbre :

On demandait à un accusé l'emploi de l'argent qu'on le soupçonnait d'avoir volé. Au nombre de ses dépenses il fit figurer une somme de 4 francs, remise comme honoraires dans un établissement de bas étage.

— Pardon, fit sèchement M. Partarieu-Lafosse, messieurs de la Cour savent aussi bien que moi, que cela ne coûte que 3 francs dans la rue Traversière-Saint-Honoré. Continuez !...

J'avais le malheur d'avoir déplu à beaucoup de ces messieurs par l'indépendance de certains portraits à la plume dans *le Figaro*; aussi que ne faisais-je pas pour les attendrir une fois devant le tribunal ; que de platitudes, que de bassesses ! j'allais jusqu'à arriver avant mon tour pour voir juger des brochettes de voyous entassés sur les bancs où j'allais m'asseoir tout à l'heure ; pour me concilier leurs bonnes grâces, je remuais la tête en signe d'assentiment à tout ce qu'ils disaient, je souriais à leurs soi-disant mots d'esprit !

— « A quelle heure volâtes-vous cette montre ? demanda un jour devant moi un président à un homme déguenillé ; et comme l'homme ne répondait pas, le président ajouta avec l'accent d'un homme qui souligne un joli mot : Vous devriez le savoir, puisque vous aviez cette montre, vous pouviez y regarder l'heure ! »

J'eus l'air de me pâmer d'aise et de ne pas éclater d'admiration par respect seulement. Tout cela n'y faisait rien, on entassait sur moi les maximum.

Un homme que je trouvai charmant, par exemple, ce fut le fameux président Delesvaux qu'on fit passer pour suicidé après le 4 Septembre. Lors de je ne sais plus quel procès j'allai le voir chez lui ; j'étais accompagné de M. Auguste Dumont, mon associé, qui était son ami intime ; il me reçut d'une façon fort aimable et me demanda la cause de ma visite.

— Mon Dieu, lui dis-je, je viens demander un conseil à celui qui va peut-être me condamner demain ; je voudrais savoir, répondez-moi la main sur la conscience, si pour me défendre je ne devrais pas prendre deux avocats.

— Deux ? pourquoi ? me répondit-il, vous ne me paraissez pas être un homme qui s'embarrasse facilement, vous avez la langue bien pendue, un seul vous suffira !

Je ne contins pas ma joie, et comme il m'en demandait la raison :

— C'est, lui répondis-je, que mon cas n'est pas aussi grave que je le craignais ; dès l'instant qu'il ne m'en faut qu'un, je n'en prendrai pas du tout, je serai celui-là.

Et j'eus grandement raison, car je n'eus qu'une condamnation insignifiante.

Mes procès et mes journaux me forcèrent bien des fois à visiter non-seulement des présidents, mais aussi des ministres ; tous n'étaient pas aimables non plus, il faut bien le dire, entre autres M. de Persigny. Il avait voulu supprimer *le Figaro* à propos d'un mot bien innocent :

On se rappelle qu'à une certaine époque, quand on voulait pousser une affaire financière ou autre, on avait pris l'habitude de dire, pour faire comprendre qu'on aurait l'appui du gouvernement, que M. de Morny y avait des intérêts.

A propos du procès Poinsot j'avais écrit : *Morny est dans l'affaire ;* le scandale fut grand au ministère et je tremblai vraiment pour l'existence de mon journal. J'allai chez M. de Morny qui rit de la plaisanterie, écarta tout danger et me dit : « Allez toujours voir Persigny, il ne faut pas être mal avec lui. »

Je fus reçu assez sèchement par le ministre.

— Je crains beaucoup *le Figaro*, me dit-il, et je le surveille.

Je lui demandai pourquoi tant de défiance.

— Vous publiez toutes sortes d'articles dangereux ; ainsi, vous annoncez maintenant des biographies d'agents de change.

— Non, monsieur le ministre.

— Mais je vous assure que si.

— Permettez-moi de protester.

— Que direz-vous donc en lisant ce *Figaro*? et il me tendit un journal.

— Pardon ! je ferai remarquer à Votre Excellence qu'elle me donne-là *le Figaro-Programme.*

— Eh bien ?

— Eh bien ! *le Figaro-Programme* ne m'appartient pas ; il est la propriété de M. Emile Lyon.

— Mais enfin c'est toujours la même chose, fit-il brusquement.

— Ah ! monsieur le ministre, lui répondis-je, laissez-moi vous dire, sans vanité, que si vous étiez actionnaire dans les deux sociétés, vous sauriez bien vite quel est le meilleur journal de ces deux-là!...

Sur quoi je me levai et partis assez brusquement.

Je m'attendais, d'après son aspect, à rencontrer en lui un homme aimable, aux façons militaires, je n'y trouvai qu'un personnage impoli aux allures de sous-officier vulgaire. *Le Figaro* du reste le remercia de cette réception à sa façon ; quand il lui arrivait de monter à la tribune, on soulignait bien qu'il n'était pas orateur, qu'il ne savait pas parler, en insistant sur les : M. de Persigny *lit* le discours suivant, etc., etc., *il tourne les feuillets*, etc., etc.

Je ne le revis que mort ; j'étais à Nice, Numa Blanc allait le photographier et m'invita à venir le voir ; il était décédé à l'hôtel de Luxembourg ; j'entrai dans sa chambre; le corps était étendu sur un lit couvert de deux ou trois gros bouquets de violettes.

Mes prévisions à l'égard du plus ou moins d'affabilité des ministres ne se sont pas toujours réalisées. Un matin je fus appelé chez M. Delangle.

— Ne plaisantez pas avec celui-là, me dit Bourdin, c'est l'homme le plus froid et le plus raide du monde.

J'entrai dans son cabinet et quel ne fut pas mon étonnement de trouver un homme tout à fait charmant.

— Ah! monsieur le ministre, lui dis-je avec joie, permettez-moi de vous dire combien je suis charmé qu'on m'ait ainsi trompé sur votre compte.

— Asseyez-vous, monsieur de Villemessant, me dit-il du ton le plus aimable. Quel mal vous me donnez avec votre journal!

Nous nous expliquâmes, je lui fis bien ressortir qu'il n'y a guère que ceux qui ont quelque chose à cacher qui craignent les journaux; plus un journal peut jeter de lumière, plus ceux qui recherchent l'obscurité et qui ont leurs raisons pour cela le haïssent; à ce titre *le Figaro* a toujours eu contre lui les imbéciles et les coquins.

Je conclus en lui disant qu'à ma place il ne ferait pas autrement que moi. Nous nous quittâmes après une longue et très-intéressante conversation; j'en ai conservé le souvenir et je constate une fois de plus qu'il n'y a jamais de danger quand on a affaire à des gens d'esprit.

Je ne dirai pas autant de bien de M. Baroche. Il était d'une grande politesse, mais très-froid et très-gourmé.

J'ai raconté dans ces Mémoires, de quelle mauvaise grâce il m'accorda, sur l'ordre de l'empereur et la recommandation de M. Fleury, remise d'une condamnation à l'emprisonnement. — « Mais il paiera l'amende ! » écrivait-il sur une sorte de papier à chandelle qui me fut envoyé. Je répondis dans le journal, comme je devais le faire. J'avais du reste pris l'habitude de parler aux ministres comme ils me parlaient; il m'en cuisait parfois, mais du moins avais-je eu un instant de satisfaction, témoin cette réponse à un communiqué de 1863 que je retrouve en feuilletant le *Figaro* :

RÉPONSE A UN COMMUNIQUÉ.

« J'étais à la campagne lors de la publication du communiqué relatif à une retenue de trois francs qu'on aurait imposée aux professeurs des lycées, pour contribuer aux frais de l'expédition au pôle Nord.

« Le deuxième alinéa de ce communiqué commence ainsi :

« *Si absurde que soit cette allégation, elle doit cependant être démentie...*

« La loi accorde le droit de réponse aux particuliers, dont on a parlé dans un journal, à condition que cette réponse ne contienne aucun mot impoli. Je ne pense pas que les communiqués puissent s'affranchir de ces règles de bienséance.

« Jusqu'à ce jour, ils s'y conformaient scrupuleusement, et j'ajouterai même qu'ils étaient généralement bien rédigés.

« Est-ce parce qu'on m'a retiré la vente sur la voie publique, que le rédacteur de ce dernier *communiqué* croit pouvoir se servir du mot absurde?

« Eh bien! voici ce que je déclare nettement : Si l'on m'adresse à l'avenir un *communiqué* impoli, je ne l'in... sé... re... rai pas.

« Pour moi, le rédacteur anonyme de ce document équivaut à une femme, puisque je n'ai pas le droit de lui répondre comme à un homme qui m'insulterait et qui viendrait m'apporter lui-même sa prose au journal. »

La vente du *Figaro* sur la voie publique me fut alors interdite; je répartis immédiatement par les lignes suivantes :

« C'est à Seine-Port que je reçois la nouvelle de la

suppression de la vente du *Figaro* sur la voie publique.

« Pourquoi ?

« On ne se donne pas la peine de me le dire. Il faut donc que je cherche le motif de cette rigoureuse mesure par laquelle on croit atteindre en plein cœur un journal comme *le Figaro*. J'ai comme une espèce d'idée que c'est pour les quelques lignes sympathiques qui terminaient ma causerie de Wiesbaden concernant le duc d'Aumale et le prince de Joinville, le tout saupoudré de ce que j'ai dit sur l'affaire du jeune Cavaignac.

« Eh bien ! voyez si je suis franc ! S'il en est ainsi, c'est de bonne guerre et j'aurais tort de me plaindre, car j'ai eu l'intention d'être desagréable... très-désagréable.

« On intente procès sur procès au *Figaro*, nous payons amendes sur amendes : on dirait que l'on a fixé pour nous un minimum de *mille francs ;* et quand nous sommes vilipendés par de la crapule infecte, — *crapula infecta*, — comme dirait Janin, on la frappe *d'un franc* d'amende !

« Somme toute, on veut porter au *Figaro* un coup très-violent... soit ! Mais nous espérons que ceux qui tiennent à nous lire, n'hésiteront pas à faire quelques pas pour acheter le *Figaro* chez les libraires, ou pour s'abonner, ne fût-ce que pour un mois.

« Quoi qu'il arrive, *le Figaro* tirera toujours plus à lui seul que tous les journaux du gouvernement réunis. »

Comme on le pense bien, ces aménités n'étaient pas faites pour me concilier l'indulgence des tribunaux ; les amendes pleuvaient sur *le Figaro ;* on espérait m'irriter, me pousser à quelque acte irréfléchi ; je restai de bonne humeur et je publiai mes amendes et condamnations comme on publierait un feuilleton, avec *la suite à demain ;* j'emprunte quelques feuillets au *Figaro* de ce temps-là :

. . . .

La série de nos amendes est ouverte.

On nous a priés, fort galamment, du reste, de payer celle qui nous a été imposée pour offenses commises envers la majorité de la Chambre, par notre collaborateur Richard. Comme cela paraît moins dur de payer en deux fois cet argent, nous avons versé le 25, au Trésor, la somme de 1,176 fr. 30 c.

Demain, nous aurons le plaisir d'offrir au gouvernement la somme de 5,766 fr. 75 c., complément de cette petite facture.

*_**

30 août, 68.

Le Figaro a payé hier la somme de 5,766 fr. 75 c., montant des condamnations prononcées contre M. Jules Richard.

En revanche, par l'entremise de son avoué, M. Best, M. Albert Wolff a fait un recouvrement important et donné quittance de la somme de 3 francs à lui due, à titre de dommages-intérêts, par M. Madre, éditeur. — M. Best n'a pas encore vu la couleur de l'argent de MM. Stamir et Bussy. Il va leur réclamer la somme de 2 francs par ministère d'huissier.

Nous venons de faire acquitter une nouvelle amende de...

(*La suite au prochain numéro.*)

⁎

La vente du *Figaro* a monté hier de *quatre mille* numéros.

LES AMENDES DU « FIGARO »

Troisième partie

Nous avons encore payé hier une amende de *mille* francs, montant du dividende de M. de Villemessant dans l'affaire Pastoureau.

M. Jules Claretie...

(*La suite à demain.*)

⁎⁎⁎

1ᵉʳ septembre 1868.

LES AMENDES DU « FIGARO »

Quatrième partie

Le Trésor ayant daigné accepter les *mille* francs que nous devions pour la part de M. de Villemessant dans l'affaire Pastoureau, nous avons répondu à ce bon procédé en versant immédiatement *mille* autres francs, montant du dividende de M. Jules Claretie.

Notre caissier en était là quand soudain la porte de ses bureaux s'ouvrit... Il aperçut M. Dubuisson, notre imprimeur. Le nouveau venu alla droit au guichet, et dit :

— Cher monsieur, causons un peu de moi !

A ces mots, le caissier pâlit...

(*La suite à demain.*)

⁎⁎⁎

2 septembre 1868.

LES AMENDES DU « FIGARO »

Cinquième partie

Nous avons quitté hier notre caissier au moment où l'entrée de l'imprimeur le faisait pâlir. Après une courte explication, un homme à cheval partit de nos bureaux pour aller déposer aux pieds du dieu Trésor le solde de l'affaire Pastoureau : 690 fr. 60 c., montant des frais et de l'amende imposée à notre imprimeur.

On nous a délivré le reçu avec une bonne grâce qui prouve que le *Code du cérémonial* de madame de Bassanville a pénétré dans toutes les classes de la société.

Nous avons l'honneur de prévenir nos abonnés que dans quelques semaines nous publierons la suite de ce récit émouvant.

Notre collaborateur spécialement chargé du chapitre des amendes est déjà à l'œuvre, et nous pouvons espérer qu'il nous donnera avant peu une nouvelle série de son intéressant travail.

(Fin de la première partie.)

***

3 septembre 1868.

LES AMENDES DU « FIGARO »

Quelques lecteurs, induits en erreur par le ton léger et enjoué que nous avons employé pour parler de nos amendes, ont pris tout cela pour une plaisanterie.

Voici donc le relevé des sommes payées par nous au fisc depuis huit jours :

Pour M. Jules Richard, outrage à la Chambre, amende et frais.	5,766 fr. 75 c.
Pour M. de Villemessant, même affaire, amende et frais.	1,176 30
Affaire Pastoureau, amende de J. Claretie.	1,000 »
Affaire Pastoureau, amende de M. de Villemessant.	1,000 »
Affaire Pastoureau, amende de l'imprimeur.	690 »
Total	9,633 fr. 05 c.

⋆

Comme on le voit, je me vengeais comme je pouvais, et je dois le dire, les rieurs ont plus souvent été de mon côté que de celui du parquet.

Parmi les ministres dont j'ai gardé le meilleur souvenir, je dois inscrire M. de la Valette. Entre autres entretiens que j'eus avec lui, je me rappelle celui-ci :

— Pourquoi, me demanda-t-il, gardez-vous un homme comme Rochefort à votre journal ?

— Ma foi, monsieur le ministre, lui répondis-je, il me semble qu'il serait plus juste de m'en remercier que de me le reprocher.

— Pourquoi?

— C'est que, s'il était absolument libre de sa prose, si je ne le retenais pas constamment, et s'il était dans un journal politique au lieu d'être dans un journal littéraire, il ferait quelque algarade bien autrement grave que ses piqûres de plume au *Figaro*.

Néanmoins je n'étais guère rassuré ; quoi que je fisse pour surveiller mes rédacteurs, on empiétait toujours plus qu'il ne fallait sur le terrain de la politique; je résolus de demander un cautionnement pour n'avoir plus cette préoccupation ; j'allai voir M. de la Valette pour obtenir l'autorisation nécessaire.

— *Le Figaro* deviendrait un journal politique! mais vous n'y pensez pas, me dit-il, vous ne vivriez pas quinze jours : vous seriez perdu !

— Je ne le crois pas.

— Tenez-vous beaucoup à verser ce cautionnement?

— Mais, certainement !

— Que votre volonté soit faite ! et il posa le doigt sur son bureau.

— Que faites-vous ? lui demandai-je avec curiosité.

— J'appelle Saint-Paul, avec cette sonnette électrique.

— Mais alors, lui dis-je en riant, on devrait vous appeler le *Sonneur de Saint-Paul*.

— Vous êtes incorrigible, me dit en riant aussi M. de la Valette, voilà que vous faites des calembours jusque dans mon cabinet !

M. de Saint-Paul arriva.

— Donnez, lui dit M. de la Valette, à M. de Villemessant l'autorisation qu'il a demandée, cela équivaut à la mort de son journal.

C'est ainsi que j'eus ma permission de verser un cautionnement. Et bien m'avait pris de la demander, car quinze jours plus tard, Rochefort avait encore remis les pieds dans les plates-bandes de la politique.

— Nous sommes perdus ! me dit M. Dumont, mon associé.

— Pourquoi ?

— Parce que nous avons parlé politique sans cautionnement.

— Mais j'ai l'autorisation de verser 100,000 francs.

— Il fallait les verser avant que Rochefort nous ait fait ce coup-là ! c'est impossible à présent !

Je devinai bien que M. Dumont avait surtout peur de tirer de l'argent de sa poche; j'insistai d'une telle façon qu'il vint avec moi au Trésor. Dès que nous arrivâmes au guichet, nous fûmes reçus par un grand gaillard de garçon taillé en hercule.

— Je viens, lui dis-je, pour déposer un cautionnement.

Je remis mon papier, le garçon disparut.

— Vous verrez, me dit M. Dumont, poursuivant son idée, qu'ils ne voudront pas recevoir parce que les poursuites contre le journal et Rochefort sont déjà commencées. Ah! si nous étions venus avant l'article...

Le guichet se rouvrit, je versai immédiatement mon argent qui fut humé comme le dessus d'un œuf mollet.

— Il ne serait pas commode de le rattraper maintenant! dis-je à ce garçon géant. Et de fait il avait de fameux bras pour se défendre.

Je vis aussi, parmi les ministres de l'Empire, le général Espinasse. C'était après l'attentat d'Orsini ; il invita tous les rédacteurs de journaux à se rendre au ministère. Il était grand, sec et peu engageant au premier abord. Je remarquai qu'il ne me fit pas asseoir.

— Je vous préviens, me dit-il, que je ne suis ni un écrivain, ni un homme de lettres et que je n'aime pas les journalistes, je suis décidé à mener la presse militairement.

— Dans ce cas, mon général, lui dis-je, je vous demanderai la permission d'aller chercher mon sabre, et je sortis immédiatement. Je ne l'ai jamais revu. Il est mort à Magenta le même jour et au même endroit que M. de Froidefond, qui eut un instant de célébrité parisienne, pour avoir tué en duel un prince italien.

Il était très-lié avec M. Fould; aussi ne savait-on comment annoncer à ce dernier la mort du général, dans la crainte de lui causer une trop vive émotion ; il fallut bien pourtant en venir à dire : Le général Espinasse vient d'être tué.

— C'est une tête de bois de moins! fit M. Fould avec indifférence, il devait finir comme cela !

Quelque désagréables que m'aient été certains ministères, aucun d'eux ne m'a été aussi particulièrement odieux que le Palais de Justice. J'ai commencé cette série de mes Mémoires par raconter la façon dont j'avais été conduit à Mazas ; voici une historiette qui peint assez bien la grossièreté de certains employés de bureaux.

Condamné à je ne sais combien de temps de prison, je dus aller un jour au Palais de Justice, bureau des délais; des affaires importantes me rendant nécessaires quelques jours de liberté. Au bas de l'escalier qui conduit au cabinet du procureur général, se trouve ce bureau; celui qui le tient a, inscrits sur un registre, les noms des condamnés, le temps de leur peine, l'indication du jour où ils doivent entrer en prison ; c'est une sorte de caissier chargé de faire rentrer les valeurs.

J'entrai ; deux garçons de bureau étaient là, causant familièrement de leurs petites affaires; je ne voulus pas les déranger et m'assis discrètement sur un banc de bois. Enfin, le fonctionnaire à qui je devais m'adresser arrive. Il me voit parfaitement en entrant, il peut constater que je suis seul, il passe devant moi sans m'adresser la parole et s'installe à son bureau; il feuillette ses papiers, lentement, bien lentement : en un mot, il me fait attendre le plus longtemps qu'il peut, car, faire attendre, est, pour un employé, une marque d'importance, de grand *chic*.

— Je suis, lui dis-je, rompant le silence le premier, je suis M. de Villemessant et j'ai été condamné à dix jours de prison pour un article paru dans *l'Événement*.

Mon homme ne bougea même pas la tête, mais me regardant par-dessus ses lunettes :

— Eh bien?

— Je désirerais ne pas faire ma prison en ce moment.

— Voilà, me répondit-il d'une voix des plus désagréables, dix, vingt, trente dossiers; si chacun de ceux qu'ils concernent demandait aussi des délais, les arrêts de la justice ne seraient jamais exécutés.

— Pardonnez-moi, répondis-je, mais les affaires des autres ne m'intéressent nullement. Je n'ai pas commis un grand crime, ma condamnation le prouve; *l'Événement* a traité une question relative au droit des pauvres, il a fait de l'économie sans s'en douter et voilà tout; j'ai payé mon amende et je viens vous dire que je ne demande pas qu'on me gracie, mais qu'on veuille bien retarder un peu l'époque de mon entrée en prison.

— Je vous dis que je ne peux pas! répondit presque grossièrement l'employé.

Je m'étais bien promis la patience, mais je la vouais à une rude épreuve; je sentais mes yeux se cerner, mon cœur battre et je me contenais devant cet être au teint bilieux; je tâchais de distraire ma colère en me disant : Combien je suis heureux de n'avoir pas la santé de cet individu-là! mais j'avais beau faire, à la seconde réplique je sentis qu'il fallait en finir, sinon je n'aurais pas pu me retenir plus longtemps.

— Monsieur, lui dis-je avec une voix dont je m'efforçais de dissimuler le tremblement, y a-t-il, hiérarchiquement, un pouvoir au-dessus du vôtre?

— Oui, il y a M. le procureur général.

— Bien, monsieur, continuai-je avec la même douceur, j'aurai l'honneur d'aller le trouver.

Je sortis furieux; je rencontrai dans l'escalier M. Malher, qui était alors substitut; c'était un homme fort aimable dont je connaissais déjà l'obligeance; j'allai à lui blanc comme un linge :

— Monsieur Malher, lui dis-je, regardez-moi bien; est-ce que j'ai l'air d'un malfaiteur?

— Non certes! pourquoi cette question?

Je racontai toute la scène qui venait de m'arriver en faisant bien remarquer que c'était par l'intonation pleine de dédain, de grossièreté, plutôt que par les paroles elles-mêmes que je me sentais insulté.

— Cela ne m'étonne en aucune façon, me répondit-il en homme habitué à entendre formuler de pareilles plaintes, que voulez-vous faire?

— Je veux m'adresser au procureur général.

C'était à cette époque-là M. Cordoüen.

— Je vais vous conduire chez lui.

Nous entrâmes tout de suite dans son cabinet; je trouvai en lui un homme fort affable à qui je racontai l'humiliation que je venais de subir.

— Combien de temps de délai désirez-vous? me demanda-t-il.

— Un mois.

— Le délai vous est accordé.

— Monsieur le procureur général, lui dis-je après l'avoir remercié, je vous demanderai de vouloir bien ne pas écrire ce que vous venez de me dire, mais de m'autoriser à le rapporter de vive voix à celui qui m'a si singulièrement reçu?

— Faites comme il vous plaira!

Je remerciai avec effusion, comme on le pense bien, et je descendis ravi d'apporter une telle réponse à ce butor. Je revis avec plaisir dans ce bureau le garçon qui m'avait vu expédier avec autant d'impertinence.

— Qu'est-ce que vous voulez? me demanda-t-il brutalement, se rappelant sans doute comme je venais d'être traité en sa présence.

Cette fois, je pris une grosse voix et le fixant dans le blanc des yeux :

— Regardez-moi donc et soyez plus poli; est-ce que vous me prenez pour votre semblable!

Et comme il commençait à balbutier, je lui lançai cette phrase énorme :

— Comment! vous osez me parler ainsi, vous, à moi, vous qui n'avez peut-être jamais fait seulement un jour de prison!

Le garçon resta consterné, j'allai tout droit à mon grossier employé; je m'avançai vers lui en le regardant fixement dans les yeux :

— M. le procureur général m'a accordé un délai d'un mois! lui dis-je d'une voix qui était loin d'être tendre.

Et comme ses yeux cherchaient le papier qu'il croyait que j'allais lui remettre.

— J'ai demandé à M. le procureur général la permission de vous transmettre cette décision de vive voix, espérant que vous ne suspecteriez pas ma parole!

Mon homme sentit qu'il n'avait rien à répliquer; il ne leva pas la tête, trempa sa plume dans l'encre et prit note de ce que je lui disais, sans faire la moindre réflexion.

Comme on a pu le voir, j'ai fait des études très-complètes sur le monde du Palais de Justice; il y a eu un temps où j'en connaissais presque tous les employés par leurs noms, je mettais même une certaine coquetterie à y être vu; ainsi que je l'ai dit plus haut, j'y avais pris mes habitudes, à ce point que je fus obligé d'enregistrer l'anecdote suivante, que je certifie absolument véritable :

Les jours où mes devoirs de défendeur m'appelaient au Palais, j'allais déjeuner chez Péters, afin d'être en mesure de supporter vaillamment les longueurs de l'audience et les aménités de mes adversaires. J'avais la tenue de rigueur : j'étais tout de noir habillé. — A côté de l'ancien hôtel de Castille, je prenais une voiture de remise; le cocher me reconnaissait parfaitement, et quand je lui disais : « Au guichet de la sixième chambre :

— Très-bien ! monsieur, me répondait-il en souriant d'un petit air d'intelligence.

Cet homme me témoignait une déférence des plus respectueuses, et je ne me rendais pas compte du motif qui pouvait me valoir tant d'égards. J'ai eu plus tard l'explication de ces extrêmes politesses.

J'eus l'occasion de le retrouver un jour, et, au moment où j'allais lui donner un ordre :

— Au Palais de Justice? *monsieur le président!*

— Non, lui répondis-je — acceptant sérieusement ce titre — aujourd'hui je ne préside pas, je vais patiner au bois de Boulogne.

FIN DU SIXIÈME VOLUME.

TABLE DU TOME SIXIÈME

	Pages.
Jacques Offenbach.	1
Le marquis d'Aligre.	46
Khalil-Bey.	95
Les diners du *Figaro*.	121
Lettres d'adhésion.	147
Mon voyage à Venise.	170
A Mazas.	201
M. Collet-Meygret.	230
M. de Maupas.	233
M. Jules Favre.	244
Mes juges d'instruction.	264
Mes présidents.	276
M. de Persigny.	279
M. Delangle.	281
M. Baroche.	282
Le général Fleury.	282
Les communiqués et les amendes.	283
Le général Espinasse.	292
Au Palais de Justice.	293

www.ingramcontent.com/pod-product-compliance
Lightning Source LLC
Chambersburg PA
CBHW071134160426
43196CB00011B/1894